高校学生管理理论与实践创新策略

王佳琦 ◎ 著

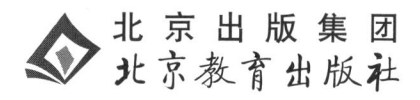

北京出版集团
北京教育出版社

图书在版编目（CIP）数据

高校学生管理理论与实践创新策略 / 王佳琦著 . -- 北京：北京教育出版社，2024.1
ISBN 978-7-5704-6247-6

Ⅰ.①高… Ⅱ.①王… Ⅲ.①高等学校—学生—学校管理—研究 Ⅳ.① G645.5

中国国家版本馆 CIP 数据核字 (2024) 第 025563 号

高校学生管理理论与实践创新策略

王佳琦　著

*

北京出版集团
北京教育出版社　出版
（北京北三环中路 6 号）
邮政编码：100120

网址：www.bph.com.cn

京版北教文化传媒股份有限公司总发行
全国各地书店经销
河北宝昌佳彩印刷有限公司印刷

*

710 mm×1 000 mm　16 开本　13 印张　200 千字
2024 年 1 月第 1 版　2024 年 1 月第 1 次印刷
ISBN 978-7-5704-6247-6
定价：78.00 元

版权所有　翻印必究
质量监督电话：（010）58572525　58572393
购书电话：18133833353

前　言

　　高校学生管理工作不仅关系到高校的教学和学生的学习、生活，也是影响整体教育品质的关键因素。高校管理者的管理能力常常将是否能够为学生提供优质且科学的管理服务作为衡量的标准。

　　目前，对学生的严格管理和学术治理被广大高校视为教育的关键。无论是高校的领导，还是在教育第一线的教师或学生会、共青团等学生组织，都认为真正的管理应该是教育、指导与服务的完美融合。为了使学生获得更好的发展，高校需要引导学生明确学习目标、端正学习态度，辅助他们选择恰当的学习策略并积极地做好职业生涯规划。科学的管理方法有助于大学生养成良好的学习习惯和生活习惯，也必将助益其一生。

　　党的二十大报告提出："全面贯彻党的教育方针，落实立德树人根本任务，培养德智体美劳全面发展的社会主义建设者和接班人。"培养全面发展的、满足社会需求的高素质人才是高校承担的使命和责任。虽然多数高校管理者具备丰富的理论知识和实践经验，但随着经济社会发展、高等院校发展、教育体制改革等，学生管理工作也面临许多挑战。高校管理者应该勇于面对这些挑战，使学生管理体系更加完善，更加科学、规范，为学生提供更加完善的服务。本书共六章，具体内容安排如下。

　　第一章：绪论，包括研究背景、研究的理论依据和研究意义。

　　第二章：高校学生管理概述，包括高校学生管理的含义与原则、改革开放以来高校学生管理的发展、高校学生管理的基本原理、高校学生管理对教师的要求。

第三章：高校学生管理体系构建，包括高校学生管理体系构建要点、高校学生管理组织构建、建立并完善高校学生管理制度、高校学生管理工作内容和高校学生管理策略。

第四章：高校学生管理评价与优化，包括高校学生管理评价指标体系构建、高校学生管理评价的实施、高校学生管理优化策略。

第五章：高校学生管理的实践创新策略，包括学生发展导向的高校学生管理策略、全员参与的高校学生管理策略、融合创新的高校学生管理策略、数字化环境下高校学生管理的创新发展策略和高校辅导员工作模式创新。

第六章：高校学生管理展望。

笔者水平有限，对于书中不足之处，恳请广大读者批评指正。

王佳琦

目　录

第一章　绪论 / 001

    第一节　研究背景 / 001

    第二节　研究的理论依据 / 003

    第三节　研究意义 / 004

第二章　高校学生管理概述 / 006

    第一节　高校学生管理的含义与原则 / 006

    第二节　改革开放以来高校学生管理的发展 / 011

    第三节　高校学生管理的基本原理 / 015

    第四节　高校学生管理对教师的要求 / 017

第三章　高校学生管理体系构建 / 033

    第一节　高校学生管理体系构建要点 / 033

    第二节　高校学生管理组织构建 / 035

    第三节　建立并完善高校学生管理制度 / 043

    第四节　高校学生管理工作内容 / 074

    第五节　高校学生管理策略 / 083

第四章　高校学生管理评价与优化 / 091

    第一节　高校学生管理评价体系构建 / 091

第二节　高校学生管理评价的实施　/　096

　　第三节　高校学生管理优化策略　/　108

第五章　高校学生管理的实践创新策略　/　115

　　第一节　学生发展导向的高校学生管理策略　/　115

　　第二节　全员参与的高校学生管理策略　/　122

　　第三节　融合创新的高校学生管理策略　/　150

　　第四节　数字化环境下高校学生管理的创新发展策略　/　167

　　第五节　高校辅导员工作模式创新　/　177

第六章　高校学生管理展望　/　191

参考文献　/　198

第一章 绪论

第一节 研究背景

随着社会经济的发展,社会对人才的需求也发生变化,学生的需求多元化,高校面临前所未有的机遇和挑战。良好的学生管理体系是提高高校教学质量、提高学生综合素质、促进学生成功就业的关键因素。高校学生管理研究能够为高校提供决策支持和实践指导,帮助高校在资源分配、教育公平、学生服务等方面做出恰当的管理决策。另外,高校学生管理研究也可以给教育者带来更丰富的教学策略,更好地满足教育发展需求。本节主要分析高校学生管理研究的背景。

一、国际文化交流对高校管理提出了更高的要求

由于经济全球化和信息技术的发展,不同国家的文化交流日益频繁。国际文化交流对高校管理提出了新的要求。高校作为人才培养基地,应从容应对经济全球化和国际文化交流。为此,高校可引入先进的管理理念,探索有中国特色的高校管理模式,与世界顶尖大学建立联系。同时,面对

国际文化交流，高校应强化学生管理，引导学生树立正确的世界观、人生观和价值观。

二、改革开放对高校事务管理产生重大影响

我国的改革开放促进了各项事业的发展。面对新时代的新要求，高校需要加强思想政治教育工作，提高学生的思想政治觉悟和思想道德素质。高校的事务管理应该与学生思想政治教育融为一体。高校应结合思想政治教育的具体情况，改进事务管理。高校应和社区、家庭合作，共同营造良好的管理氛围，共同促进学生的全面发展。

三、改革和发展高等教育需要学生事务管理的直接变革

高等教育的改革与发展对高校学生事务管理提出了新的要求。高等教育改革和发展的核心在于培养适应时代需求的高素质人才。这一目标的实现离不开高校学生事务管理的变革。传统的学生事务管理模式已难以满足当代学生的多元化需求，需要转向以学生全面发展为导向的管理模式。高校学生事务管理应关注学生个体差异，强化学生主体性，促进其全面发展。高校学生事务管理变革应包括这些内容：一是创设开放的学习环境，打破学科界限，推动跨学科交流、合作；二是更新管理理念，实施以学生为中心的事务管理，营造有利于学生自主学习和创新的环境；三是学生事务管理应加强对学生职业生涯规划与心理健康的支持，帮助学生更好地适应社会与职场的需求；四是通过信息化手段优化管理流程，提高管理工作效率和服务质量。学生事务管理变革能够为改革和发展高等教育打下坚实的基础。

第二节 研究的理论依据

一、自我教育理论

自我教育理论认为,自我教育是学校教育中的一个重要因素。高校管理者应重视学生的自我教育,注意培养学生的自我管理能力,实现学校管理和学生自我管理的统一,在达到学校管理目标的同时,也达到学生自我管理目标。为此,高校管理者可营造良好的校园文化氛围,让学生向身边品学兼优的楷模学习,使学生养成良好的生活习惯和学习习惯,培养学生良好的思想道德素质,使学生更加自律、自觉遵守学校的规章制度、主动学习、主动创新,实现良好的自我管理。

二、动机激发理论

动机激发理论主张为个体营造良好的外部环境,激发个体的正确行为动机,激发个体满足某种需求的愿望,从而调动个体的积极性,达到预期目标。高校管理者可建立激励机制,通过让学生制定学习目标、完成任务、进行班干部分配与轮换等,让学生获得成就感和进步的动力,并通过集体奖励来进一步激发学生的进步动机,使学生自觉努力、主动获取成功。这对实现学生管理目标和高等教育目标都是至关重要的。

三、集体教育理论

集体教育理论主张让学生从教学的接受者变为教学的共同参与者。每个学生都参与课堂教学,并凭借自己的能力给课堂教学带来独特的价值。在课堂教学中,教师要调动学生参与教学活动的积极性,使每个学生都积极参与教学活动,最大限度地发挥学生的潜力。

第三节 研究意义

对高校学生管理的研究能够在高校学生事务管理中发挥重要的作用，为高校学生事务管理和高校决策提供参考，也有利于高校稳定发展、高校管理团队稳定发展。

一、有利于形成良好的育人工作格局

随着社会发展和教育体制改革，高校学生管理已扩展到教育、职业指导、后勤服务等领域。例如，学生学费与高校的财务部门有关，学生的食品安全和住宿与后勤管理有直接关系，学生在大学校园的安全与保卫部门有关，等等。高校任何一个部门如果没有履行好自己的职责，都会影响高校正常的教育教学活动的开展。

高校学生管理工作内容繁多，不仅涉及学生的学习、生活、活动和安全，还与他们的思想道德素质提升密切相关。高校管理者应具备整体和宏观的视角，持续强化管理研究，从而提高管理效能。高校管理者还需要注重伦理道德的教育，全方位地执行教育政策，以促进学生的全面发展，确保达成德育目标。

二、有利于促进高校的稳定发展

高校学生管理研究能够为高校的日常运营、日常管理和决策提供参考，有利于促进高校稳定发展。从管理效率上来说，对高校学生管理进行深入研究，能够找出高校学生管理的瓶颈和不足，进而采取有效措施来优化管理流程、完善管理制度，从而提高管理效率。

在高校，保障学术自由和独立性是高效且公正的行政管理的工作重心之一。高校行政部门应为师生的学术活动提供良好的环境，确保教师和学生能够在不受外界干扰的条件下进行研究和学习。高校行政部门可以合理地分配和利用学校的资源，如人力资源、资金和设施等。高校学生管理研究可以揭示出高校行政管理工作需要改进或创新的领域，为高校行政管理提供参考，促进高校行政管理的创新和变革。高校学生管理研究对提升高校的管理水平、确保学术独立性、优化资源配置以及满足社会需求都具有重要的意义，对高校的整体发展起到重要的作用。

三、有利于促进高校学生的全面发展

高校承担着培养优秀的高级专门人才的重大使命。高校要使学生掌握专业知识和技能，培养学生的思想道德素质、实践能力和创新能力，培养学生的爱国情感，坚定他们为国家的繁荣做出贡献的决心。对此，出色的学生管理至关重要。高校学生管理的作用不容忽视，对学生的成长和发展有重要的影响。高校管理者应似明灯，照亮学生人生的旅途，帮助他们健康成长。高校学生管理研究有利于提高高校学生管理水平。出色的学生管理可以确保学生在尊重人才、尊重自由与教育权利的环境中获得更多的发展机会，有利于促进学生的全面发展，有利于为国家和社会培养更多的高素质人才。

四、探索学生事务管理的规律

在以人为本、以学生为中心的教育理念下，高校通过灵活的管理方式和现代化的手段对学生进行教育和管理，在教育、管理、服务中充分发挥学生的主体作用，实现教育目标和管理目标。高校学生管理研究涉及学生入学指导、学籍管理、德育工作、心理辅导、学生社团、就业指导等高校学生事务管理的各方面内容，探索学生事务管理的规律，有利于提高高校的学生管理水平、实现高校的教育目标和管理目标。

第二章 高校学生管理概述

第一节 高校学生管理的含义与原则

一般来说,高校学生管理主要集中在学生行政管理上,包括从学生入学到毕业的整个过程中涉及的所有行政活动和事务。高校学生管理还涉及管理教育,即通过管理来促进学生的全面发展,培养学生的管理意识和管理能力,使学生更好地适应社会的需求。

一、高校学生管理的含义

高校学生管理是高校对学生的学习、活动和生活的整体计划、组织、协调和控制。在高校管理中,学生管理尤为关键。高校学生管理涉及高校的各个工作领域,如班级管理、课外活动管理等。高校学生管理系统包括不同的部门、管理层级,如高校、学院、系和班级。根据不同的管理功能,高校学生管理还可以分为决策层、组织层和执行层等。教育管理部门设定具体的管理目标,对学生进行有序的管理。

高校是学生管理的主体,学生是管理的重要参与者和对象。通常,学生需要遵循高校的管理规定。高校的管理活动应以学生的全面发展为核心目标。学生的学习和日常行为受到明确的规范（如注册规定和学生守则）约束，学生接受学校全面的管理。高校的教育管理部门要使这些规定得到全面实施，确保学生在学业、活动等方面得到妥善管理。但学生在高校管理系统中不仅是被管理的对象，也是高校管理活动的参与者，在了解和遵循管理规定的同时，也需要深入了解自己，进行独立思考，做好自我管理并积极参与学校的管理活动。总的来说，学生在高校管理中起着至关重要的作用。高校学生管理应以学生为中心。

二、高校学生管理的原则

高校学生管理工作既重要又复杂。要想让管理工作有序开展，高校管理者需要遵循一定的原则，科学、合理地设计相关管理活动，这样才能达到管理目的。高校管理者要遵循的主要原则如下。

（一）了解学生，尊重学生

高校管理的核心是学生管理。要进行有效的管理，高校管理者先要了解学生的身心特点、生活经历和需求。同时，对学生的尊重和信任是确保管理工作顺利进行的关键。

1. 了解学生的生活经历和需求

高校学生是一个个拥有鲜明特色和丰富情感的个体。每个高校学生都有自己的生活经历和需求。不同的生活经历可能会对学生的思考方式、交流方式和价值观等产生一定的影响。为了更好地管理学生、服务学生，高校管理者和教师需要深入了解学生的生活经历和需求。在教育过程中，高校管理者和教师不能简单地用教育者的标准去衡量学生，应基于对学生的深入了解，站在他们的角度思考问题，努力满足他们真正的需求，帮助他们获得全面发展。

2. 尊重、信任学生

在教育领域，学生不仅仅是教育的对象，也是教育过程的主要参与者，拥有自己的思想、感情和观点。例如，高校管理者和教师讨论课程内容或教育方式时，了解学生的想法非常重要，因为学生是教学的主体，是教育的直接受益者。高校管理者和教师应尊重和信任学生。

高校管理者和教师要真正尊重学生，认真听取他们的意见，了解他们的需求和困惑，对他们进行有针对性的指导，为他们提供必要的帮助。例如，当学生对某个课题有不同的看法时，教师不应直接驳斥学生，而应鼓励他们自由表达自己的观点并对课题进行深入探讨，这样不仅可以培养学生的批判性思维能力，还可以培养他们的自主学习能力。

高校管理者和教师还要信任学生。真正的信任是建立在了解和尊重的基础上的。当学生感到被信任时，他们可能更愿意参与活动并积极反馈，可能会更加努力。例如，当学生在项目中遇到困难时，如果教师相信他们有能力独立解决问题，并鼓励他们，那么他们往往会更有动力去解决问题，战胜困难。

管理中的自我管理强调学生的自主性，鼓励他们按照自己的方式去学习和探索；统一管理注重规范和统一的标准。但无论如何，尊重和信任学生应该是管理的重中之重。在被尊重和信任的环境中，学生能够充分发挥自己的潜能，不断进步和成长。

（二）要有科学的学生观

学生观决定高校管理者对学生的态度及管理方式，影响高校管理者与学生的关系和互动。不同的学生观会使学生管理风格不同，进而使管理效果不同。从实际学生管理情况来看，高校管理者的学生观主要分为以下几种。

1. 认为学生是被动的客体

这种学生观将学生视为被动的管理对象，主张采用单向的、命令式的管理方式。拥有这种学生观的高校管理者往往对学生施加权威，强调规则、制度。高校管理者如果采用这种管理方式，虽然能培养出纪律严明的学生，但可能会压抑学生的自我意识，影响学生潜能发挥，影响学生创造力发展，有碍学生个性成长。

2. 认为学生是独立个体，注重学生个性和自主性

这种学生观将学生的兴趣、情感和需求放在首位，认为教育工作应围绕学生展开，鼓励学生进行自我管理和发挥主体性。这种学生观注重学生的个性和自主性，但可能会导致一些学生规范意识和纪律性不足。在此学生观下，管理者角色被淡化，可能出现管理过于宽松的情况。

3. 认为学生既是客体也是主体

这种学生观认为，学生既是教育的对象，又是具有独立思考能力和自主决策能力的主体。高校管理者在这一学生观下，既引导学生养成良好的行为习惯，又为学生创造良好的学习环境，鼓励他们在学习中发挥主动性。这种学生管理方式不仅有助于培养学生的自我教育能力和自我管理能力，也能促进管理者与学生之间的互动。

科学的学生观对学生管理至关重要。高校管理者拥有科学的学生观，不仅能够理解和尊重学生，了解学生的需求和愿望，还能使学生管理工作更加具有针对性、更高效，为学生提供更好的管理服务。高校管理者与学生相互尊重、理解和信任，学生管理的效果会更加显著，学生的学习积极性、主动性和创新性会增强。因此，拥有科学的学生观是高校管理者必备的素质。这对提升学生管理的整体质量和效果具有决定性的作用。

（三）建立合理的组织机构

要实现高校学生管理的科学化，需要建立合理的组织机构。组织的纵向和横向结构必须得到妥善安排。从纵向来看，高校应建立一个健全的学生管理层级体系。从高校领导到班级辅导员，学生管理体系中的各层级学生管理人员都应明确其职责和权力，以确保学生管理体系顶层至基层的有效协调和沟通。从横向来看，高校需要建立学校、家庭和社会的协同育人机制。这可以确保高校的教育不仅仅是高校的事情，可以吸引社会各界对高校教育的关注和参与，从而更好地满足学生的多元需求。只有组织机构真正合理化，高校学生管理才能真正实现科学化，从而更好地服务于学生的全面发展。

（四）建立完善的规章制度

机构的运行需要有明确的规章制度。规章制度可以为机构的日常运作提供明确的操作指南。规章制度详细地规定了机构中每个部门的角色、职责和权限，不仅可以减少误解和冲突，还能确保各个部门和机构之间的沟通顺畅。对于学生的学习和生活来说，学校的规章制度为学生提供了行为规范。例如，学习制度规定了上课期间的行为标准，如禁止玩手机、不迟到、不早退等。宿舍管理制度可能会规定每周的宿舍打扫次数和责任人，确保宿舍的卫生和安全。学生活动的规则和制度也是不可或缺的，包括对活动目标和流程的规定，以及对学生组织和俱乐部的规定，能够为学生提供明确的活动方向和支持。

明确、完整且合理的规章制度是确保学生管理高效、顺利且有序进行的关键。规章制度不仅可以为学生和管理者提供明确的行为指引，还能为学生构建和谐、有序的学习环境。

第二节　改革开放以来高校学生管理的发展

高校学生管理是高校工作的重要组成部分。中华人民共和国成立以后，我国的高校学生管理工作越做越好，一直在发展和进步。尤其是改革开放以来，我国的高校学生管理发展迅速。

一、1978年至20世纪80年代中期

为了使高校学生管理工作更为规范，教育部于1982年发布了《高等学校学生守则（试行草案）》，于1983年发布了《全日制普通高等学校学生学籍管理办法》。这一时期，高校学生管理的主要特征如下。

（一）德育为首

这一时期，德育被认为是教育的首要任务。各高校都非常重视培养学生的思想道德素质，以确保他们成为社会主义事业的合格接班人。

（二）学生工作组织的复合型管理

这一时期，一些高校没有专门负责学生管理工作的部门。人事处兼顾学生科与学生工作办公室的工作。辅导员培训主要在党委宣传部开展。校团委成为负责组织学生活动的主要部门。

（三）高校的统一管理和严格制度

在这一时期，学生的录取和工作分配都是由高校统一管理的。学生在校期间可以获得生活津贴。学生的学习和生活都受到严格的管理。这反映了当时我国高校学生管理的发展和探索，为后来的高校学生管理改革和完善奠定了基础。

二、20 世纪 80 年代中期至 90 年代末

20 世纪 80 年代中期至 90 年代末，我国对高校学生管理工作进行了进一步探索。这一时期，我国发布了多份与教育相关的指导性文件，明确了教育改革的方向。特别是 1985 年发布的《中共中央关于教育体制改革的决定》，确立了教育改革的目标，强化了高校的自主招生和办学权。1993 年发布的《中国教育改革和发展纲要》制定了明确的教育事业发展的目标、战略和指导方针，并指出："随着社会主义市场经济体制的建立和劳动人事制度的改革，除对师范学科和某些艰苦行业、边远地区的毕业生，实行在一定范围内定向就业外，大部分毕业生实行在国家方针政策指导下，通过人才劳务市场，采取'自主择业'的就业办法。与此相配套，建立人才需求信息、就业咨询指导、职业介绍等社会中介组织，为毕业生就业提供服务。"高校的招生和就业制度进一步改革，强调学生对教育的投入和对就业的自由选择。在人才培养方面，高校更加注重培养学生的综合素质，发掘学生的成长潜力，以使学生适应社会需求。一系列的教育改革为我国高等教育的进一步发展奠定了基础。在此背景下，我国高校学生管理工作发生了很大的变化，主要特点如下。

（一）学生的角色凸显

随着社会的快速发展，高校更加注重满足学生多样化的需求。特别是在职业指导和经济支持等方面，高校学生管理呈现出服务增长趋势。

（二）大多数高校有专门的学生管理部门

为了更加系统和专业地管理学生，大多数高校开始设立专门负责学生工作的独立部门。学生管理部门不仅具有宣传招生、学籍管理、思想政治教育等基本职能，还对学生会活动进行管理，工作效果日益显著。

（三）重视学生自我管理

高校重视学生自我管理，为学生提供相关的培训和指导。高校对学生社团的管理更为开放，鼓励学生自我教育、提升自己的管理能力和组织能力。

三、20世纪90年代末至2007年

1999年，国务院发布了《国务院批转教育部〈面向21世纪教育振兴行动计划〉的通知》，我国开始实行高校扩招。《面向21世纪教育振兴行动计划》指出："到2000年，全国基本普及九年义务教育，基本扫除青壮年文盲，大力推进素质教育；完善职业教育培训和继续教育制度，城乡新增劳动力和在职人员能够普遍接受各种层次和形式的教育与培训；积极稳步发展高等教育，高等教育入学率达到11%左右……到2010年，在全面实现'两基'目标的基础上，城市和经济发达地区有步骤地普及高中阶段教育，全国人口受教育年限达到发展中国家先进水平；高等教育规模有较大扩展，入学率接近15%。"之后，国家相关部门发布了众多关于促进大学毕业生就业的文件，强调协助毕业生顺利就业的重要性。各高校也对此给予了高度重视。

20世纪90年代末到2007年，我国高校学生管理经历了变革，呈现出以下特点。

（一）理论和实践相结合

2005年，教育部发布了《普通高等学校学生管理规定》。该文件指出："高等学校要以培养人才为中心，按照国家教育方针，遵循教育规律，不断提高教育质量；要依法治校，从严管理，健全和完善管理制度，规范管理行为；要将管理与加强教育相结合，不断提高管理水平，努力培养社会主义合格建设者和可靠接班人。"在我国教育政策和马克思主义理论指

导下，结合学生发展理论和学生管理研究成果，高校学生事务管理得到了深化和扩展。

（二）响应多样化的学生需求

为适应学生多样化的需求以及高等教育改革，高校探索与时俱进的学生管理。高校学生管理涉及学生贷款、职业指导、心理疏导等领域。学生事务管理内容更加规范、丰富。

（三）组织结构和功能扩展

众多高校设立了专门负责学生管理工作的部门，以此来整合和协调学生管理事务。各院系加强了对学生事务的管理。与此同时，高校借助信息技术，创建了校园电子公告板等数字化平台，进一步丰富了学生管理的内容。

（四）人才队伍专业化

学生事务管理者队伍得到了专业化、系统化的培养和选拔。例如，众多高校开始要求辅导员必须具备硕士学历，同时鼓励现有管理者提高自身学历和专业素养。

（五）加强国际交流

学生事务管理在高等教育研究中的地位逐渐提升，成为研究重点。2005年9月举办的"教育管理者国际论坛"汇聚了全球的众多专家、学者，推动了学生事务管理的国际交流和合作，为我国的学生事务管理提供了启示和参考。

四、2007年至今

从2007年开始至今，我国的高校学生事务管理全面发展。2007年，教育部发布了《教育部关于进一步深化本科教学改革全面提高教学质量的若干意见》。随着我国经济和社会的发展,众多招聘单位对毕业生的要求日益提升。经济全球化和信息化给高等教育改革带来了新的机遇和挑战。2010年,教育部发布了《国家中长期教育改革和发展规划纲要(2010—2020年)》。该文件指出:"全面实施'高等学校本科教学质量与教学改革工程'。严格教学管理。健全教学质量保障体系,改进高校教学评估。充分调动学生学习积极性和主动性,激励学生刻苦学习,增强诚信意识,养成良好学风。"修订后的《普通高等学校学生管理规定》自2017年9月1日起施行。各高校调整管理策略,更加注重团队建设、资源配置和学生自我管理,以进一步提升学生管理水平和服务水平。高校学生事务管理目标更为明确,管理制度日臻完善,服务内容不断丰富,并与学生的课外活动紧密结合。这体现了管理与育人的结合。

第三节 高校学生管理的基本原理

一、从实际出发,求真务实

马克思主义理论可以为人们的生活和工作提供指导。高校的学生管理工作者应该自觉将马克思主义理论作为其工作的理论基石。学生管理工作者应一切从实际出发,根据社会需求与学生现实需求进行学生管理,为学生提供服务;应运用适当的策略和方法,使大多数学生能够实现自我管理;应尽力协助学生解决问题,鼓励他们前行,帮助他们化解心中的烦恼,使他们保持积极、乐观的心态。

二、构建学生管理系统

高校学生管理工作是由多个元素构成的系统工程,其中,各个元素相互作用、相互影响。高校学生管理涉及校、系、年级和班级等多个层次。每个层次都有其特定的分工和管理要求。维护这样一个多层次的管理系统非常复杂。为了有效进行学生管理，高校的学生管理工作者应运用系统理论，根据实际情况协调好管理系统的各个层级的工作，使管理系统能够满足实际管理需求，以实现良好的管理效果。

三、保证公平、公正

在高校学生管理中，强化公平意识至关重要。高校学生管理工作者应注重人性化管理，应重视学生管理的效率和公平，确保每位学生被公平对待，树立公平的评价观，明确教育旨在促进学生全面发展。学生管理工作者应与学生建立真正平等、互信的关系，增强管理工作的实效性。

教育者的行为和态度，如重要决策、日常态度等，都会影响学生的公平感。高校应加强管理，监督管理者的行为，确保学生管理公平、公正。学生渴望被认同，期待公平奖励。高校应制定明确的奖励制度，确保评价合理，适当给予学生一些物质奖励和精神奖励，激励学生，为学生提供良好的教育环境，增强学生的学习动力，使学生主动学习并获得发展和进步，达到学生管理的最终目的。

四、注重点面结合

高校管理者需要重视管理工作的点与面的协调。从宏观角度看，各高校形成一个"面"，某高校或年级则是"点"。从微观角度看，一个高校就是"面"，高校中各院系、年级、班级则是"点"。管理中的矛盾既具有普遍性，也有其特殊性。高校管理者不仅要把握管理大局，也要关注管理细节。管理者在关注整体管理的同时，应注意每一个管理细节，进行精细化管理，做到点面结合，通过点优化面，以达到最终的管理目标，即促进学生在德、智、体、美、劳等方面全面发展。

五、建立健全规章制度

在高校学生管理工作中，制定一系列明确的规章制度是至关重要的。规章制度能为整个管理流程提供清晰的指导和标准。要真正实现制度化管理，管理者不仅需要对每一项管理制度给予充分重视，也要对管理制度的实施进行持续的跟进，并根据学生的实际情况和管理工作的需要不断完善管理制度。

管理者在制定管理制度时，应充分考虑学生在学校的实际生活和学习状况，确保管理制度与学生的实际需求和期望相匹配，使管理制度具有针对性和可操作性。管理者还应明确哪些部门和人员负责实施管理制度，确保管理制度得到有效执行，并为后期的责任追溯提供明确的依据。此外，为了确保管理制度的有效性，管理者还应建立一套反馈机制，以监控管理制度执行的情况，根据实际操作中出现的问题及时调整和完善管理制度。总之，管理者要使学生管理工作真正落到实处，需要有完善的管理制度作为支撑，也需要持续关注、反思和完善管理制度，从而确保学生管理工作高效、有序进行。

第四节　高校学生管理对教师的要求

一、教师在学生管理中应扮演的角色

（一）教师是学生的代理家长

在现代教育体系中，高校教师扮演着重要的角色，不仅是知识的传授者，也是学生的引路人和代理家长。高校教师不仅要传授知识，还要培养学生的思想品德，对学生的人生观和价值观进行适当引导。高校教师在学术领域的专业知识和经验使他们能够为学生提供学科知识，让学生深入理解知识并学会应用知识。高校教师还要培养学生的思维能力，培养学生的创新精神和创新能力，帮助学生成长为具备扎实学术基础的综合型人才。另外，高校教师在学生的人格塑造中也具有重要影响力。教师常常充当学生的咨询者和倾听者，在学业和生活方面给予学生必要的指导和支持。一些学生在远离家庭的大学生活中，会面临一些挑战和困惑。高校教师应成为学生的代理家长，关注学生的需求，帮助学生调适情绪、树立自信。高校教师也在培养学生的社会责任感方面起到重要作用。教师通过课堂教学、课外活动和社会实践等，引导学生关注社会问题，培养他们的社会责任感和使命感，使他们在未来能够为社会做出贡献。

（二）教师是知识的传授者

自古以来，教师就肩负着传道、授业、解惑的重要使命。教师不仅是学生人生之路的引路人，也是知识的传承者和传播者，将人类的智慧与知识系统化，经由课堂教学、实践指导和思想碰撞，把这些宝贵的知识传递给下一代。教师通过设计课程、讲授课程、指导实践，使学生能够系统地学习知识，使学生树立正确的世界观、人生观和价值观。在教学过程中，教师不是知识的单向传递者，而是通过教育活动，引导学生思考、探索和批判，激发学生的好奇心和求知欲，培养学生的独立思考能力和创新精神。

在高校学生管理体系中，教师的作用是多方面的。教师是知识的传授者，也是学生成长的促进者和指导者。教师通过高质量的教学与贴心的管理，为学生打开通往未来的大门，对学生的终身发展和成就有深远的影响。首先，在专业知识传授上，教师通过精心设计的课程和教学方法，将学术理论与实践紧密结合，使学生掌握专业知识和技能，培养学生的批判性思维能力和解决实际问题的能力。在这个过程中，教师不仅传授知识，也通过实验、实践、项目研究等教学活动，指导学生将知识应用于实践，促进学生专业能力的提升。其次，在学生事务管理中，教师通过日常互动和辅导，了解学生的需求和问题，为学生提供个性化的指导和支持（包括职业规划指导、学习方法指导、心理健康教育等），帮助学生顺利进入社会和职场，使学生成为有用人才。最后，教师在塑造学生人生观和价值观上起着重要的作用。教师不仅要在课堂上传授专业知识，也要通过讨论、辩论和社会实践等，引导学生树立正确的人生观和价值观，培养学生的社会责任感。另外，在如今的信息化时代，教师在传授知识和学生管理中，也应充分利用网络平台和信息化手段、工具，使学生掌握更多的知识，实现对学生学业和发展的科学管理。利用在线课程、教育 App、学生信息管理系统等工具，教师能更高效地完成教学与管理工作，也能提供更加多元化、个性化的教育服务。

（三）教师是班集体的领导者

教师在学生管理中起关键的作用。首先，没有规矩不成方圆。要使学生成为高素质的人才，教师应制定合理的纪律规定，让学生遵守，并指导学生学会自我管理。教师可实施严格的考勤制度和合理的奖惩制度，引导学生养成好习惯。教师让学生自觉遵守纪律，有助于培养学生的规则意识和职业道德等，有利于学生的未来发展。随着时间的推移，学生会逐渐形成自觉、有意识的行为模式，并增强自我约束能力。教师还可以让班干部辅助管理班级。班干部在班级管理中起到了重要的作用，是维护课堂纪律的重要支柱，也是教师的得力助手。教师在工作中应鼓励班干部勇于承担责任和展现领导才能，每当他们成功地完成任务时，都应给予他们肯定与鼓励，以增强他们的自信心，提高他们的工作热情。另外，教师还应让学生遵守学术规范。其次，教师应指导学生树立正确的世界观、人生观和价值观。教师应培养学生的无私精神、助人为乐的精神和团结合作的意识，培养学生的集体荣誉感和社会责任感。班级会议是培养学生世界观、人生观和价值观的一个有效方式。在组织班会时，教师可选择有教育意义的议题，使议题有目标、有创意并能够对学生产生积极影响。这样，教师不仅能确保每次班会都能达到教育目的，还能营造良好的班级环境。最后，作为班集体的领导者，教师应该保持威信，要以身作则、言传身教，也要加强师生情感交流。教师应对学生进行严格的管理，还应该在管理中融入人情温暖，这样既可以保持师生互信尊重，又能够加强双方的情感联系，使教育工作顺利开展。在学生管理中，教师既要坚持原则，也要注重情感交流，让学生感受到被尊重、被理解。

二、提升教师的管理能力

（一）教师提高自身的教学能力

教师应注重提高自身的教学能力。一个有较高教学能力的教师能够很好地引导学生进行自主学习，能够为学生提供有利于学习的环境，也能够很好地管理学生。教师可从以下几方面努力提高教学能力。

1. 树立先进的教学理念

时代在发展，学生的需求和认知方式也在变化。教师需要定期对自己的教学理念和教学方法进行反思，确保其与当前的教育趋势和学生需求保持同步。

2. 适当调整教学内容

教师应确保所教内容与学生的实际需求和认知水平相匹配。对于学生来说，教学内容适应他们的文化背景和学习能力尤为重要。教师可对教材进行调整、简化和更新，以确保教材内容与学生需求的相关性，确保教学内容的实用性。

3. 研究教学方法

教师选择并应用恰当的教学方法，能有效提高学生的学习兴趣和对教学活动的参与度。因此，教师应注重研究教学方法，了解各种教学方法的特点和作用，以便在教学时能灵活运用教学方法。例如，讲授法、讨论法、演示法、参观法、实验法、实习作业法、项目教学法等都是激发学生兴趣、提高学生参与度的有效教学方法。

4. 持续提升专业素质

教师应定期参加专业发展课程和研讨会，以丰富自身的专业知识，提升自身的专业技能。除此之外，教师还应定期收集学生和同事的反馈信息，以便适时调整教学内容和教学方法，提升教学的实效性；应为学生提供真实或模拟的学习情境，让学生对所学知识进行实际应用，从而加深学生对知识的理解，提高学生应用知识解决实际问题的能力；应与学生建立良好的关系，关心学生，了解学生的需求，获得学生的信任，与学生合作。

（二）教师掌握课堂管理技巧和方法

1. 将一般的课堂要求和期望转变为课堂常规

面对性格各异的学生，教师应有一套有效的课堂常规。教师可将对学生的日常要求和期望转变为明确的课堂行为规范，并要求学生坚决执行。这样，教师可以维持课堂秩序，营造良好的教学环境，提高教学效率。学生适应这样的课堂管理后，会增强对教学和教师的认同感。

2. 监督课堂管理制度的实施

教师制定了课堂管理制度后，需要随时监督课堂管理制度的实施，并根据需要对其做出修改和补充。

（1）授课时要密切关注学生的表现，并适时进行巡视。

（2）遇到学生有行为问题时，如玩手机，应针对问题性质采取相应措施，例如，提醒、邻近控制、提问或课后谈话。对于大声喧哗或顶撞教师等破坏课堂秩序的行为，教师需要立即采取措施制止。

（3）奖励积极行为，制止不良行为。教师可利用表情、表扬或批评、发奖品、课后谈话等方式对学生进行奖惩。奖惩应以奖励为主。教师进行奖惩，是为了让学生自觉遵守规则。教师应注意避免不当惩罚。

（4）不应因个别学生的小错误而暂停课堂教学或训斥全班学生。教师这样做可能导致一些学生产生逆反心理，不利于纠正学生的错误行为。教师应充分尊重学生，对学生进行耐心教导，培养学生的自我管理能力，使学生自觉遵守课堂管理制度。

3. 学生参与制定课堂规则

教师可让学生参与制定课堂规则，让学生自然地参与到课堂管理中，体现他们的主体地位，增强他们对课堂规则的遵循意愿。

（三）教师应注重管理细节

1. 过程管理与目标管理相结合

（1）确定明确的教学目标。教师应根据教育部门的要求、学校的教学理念以及学生的需求，确定明确、可操作的教学目标。这些教学目标应当切实可行，并能够被量化，以便于进行后续的教学评估。

（2）设计具体的教学过程。在确定教学目标之后，教师需要设计教学过程，如选择合适的教学内容、教学方法、教学资源等，合理安排教学环节。过程管理在设计教学过程时发挥关键作用，有利于使教学过程中的每一步都能朝着教学目标前进。

（3）实时监控教学活动和学生反馈。在教学过程中，教师需要实时监控教学活动，确保一切教学活动都能达到一定的教学目标。教师还需要关注学生反馈，根据学生反馈随时调整教学过程，最终达到教学目标。

（4）定期评估与调整。在教学周期结束后，教师应进行定期的教学评估，检查教学目标是否已经达到。这是目标管理的一个关键环节。基于评估结果，教师可以进行必要的教学策略调整，优化教学过程，从而更好地实现教学目标。

利用过程管理与目标管理，教师可以使教学活动既有序又有效，既注重教学过程每一步的细节，又能确保教学目标的实现。这种课堂管理方式能够为学生提供良好的学习环境，能够确保教学质量，有利于培养出合格的人才。

2. 程序管理、规章管理、评价管理三位一体

程序管理注重教学过程，确保教学按计划进行；规章管理着眼于制度，明确人员职责与制度执行原则；评价管理关注结果，检视任务执行质量。三者相辅相成，其中，评价最为关键。因为通过评价能够发现程序或制度的不足之处。教师可通过教学评价了解教学过程中存在的问题，及时调整教学策略或教学方法。教师确保程序管理、规章管理、评价管理三者相融合，可使教学工作高效进行。

3. 构建平等、民主的管理机制

在当代高校课堂中，教师需要建立和谐的师生关系，营造宽松、平等、和谐的课堂环境。良好的师生关系建立在师生相互尊重的基础上。教师应当与学生积极交往，赢得他们的信任和尊重。这样，教师不仅能够在课堂上树立威信，也能让学生自觉服从管理，确保课堂教学有序进行。

教师需要发扬民主精神，与学生共同制定合理的课堂规范。这些规范应该根据学生的身心特点制定，既有助于教师对课堂的有效管理，又能调动学生的积极性。师生共同参与制定课堂规范，能使课堂规范更容易得到学生的认同和遵守。

教师不能忽视学生的自主管理能力。学生在课堂管理中的作用日益增强。教师应尊重学生的自主权，并鼓励他们主动参与课堂管理。学生不仅是学习的主体，还是课堂的管理者。在平等、民主的环境下，学生才能充分发挥他们的自我管理能力，课堂管理才能真正充满活力。这有利于推动学生的全面发展。

4. 注重动态管理

课堂教学是一个涉及多种因素的复杂过程。为了实现对课堂教学的有效管理，教师需要根据课堂的实际情况对学生进行动态管理，确保教学过程顺利、高效。教师需要与学生进行平等对话，实现思想的碰撞和情感的互动。在此过程中，教师应密切关注学生的学习状态和课堂氛围，并及时调整教学方法，以使教学方法适应课堂的实际情况。教师需要灵活地运用教学策略，根据学生的需要和课堂的氛围，下达相应的课堂管理指令，优化教学过程。

（四）辅导员管理学生的方法

高校的辅导员应树立以人为本的工作理念。辅导员的工作是基础的、富有弹性的工作。辅导员应做好学生管理工作，围绕使学生成才做工作。辅导员应以培养复合型人才为目的，以培养学生的创新精神和实践能力为重点，对学生开展有针对性和实效性的管理。

1. 组建班委团队

班干部既是辅导员管理班级的得力助手，又对其他学生起示范和领导作用，能够带动其他学生发展。因此，高校辅导员应组建一支高效、务实、具有团结合作精神、创新精神的班委团队，加强对班干部的培养，提高他们的思想政治素质和觉悟，树立良好的班风，规范每个学生的行为，促进全班学生的全面发展。

2. 加强对学生的日常管理

辅导员应建立畅通、快捷的信息报告机制，了解学生的学习、思想和生活情况；应加强对学生宿舍的管理，使学生养成良好的生活习惯。辅导员可以记工作日记。记工作日记不仅有利于总结工作经验，还可以回顾、反思工作，总结教训，不断改进自己的工作，提高自己的管理能力和业务水平。

3. 尊重学生的人格，相信学生，关爱学生

辅导员应以平等的态度对待学生，尊重学生，关爱每一个学生。辅导员应相信学生的能力，关注学生的需求和问题，帮助他们成长、发展。

4. 为人师表，率先垂范

辅导员不仅仅是一个班级的组织者和管理者，也是一个班级的教育者。在管理学生过程中，要求学生做到的，辅导员应先要求自己做到。辅导员应注重身教，以身作则，成为学生的榜样，引导他们积极向上。

5. 加强思想品德教育

对学生进行思想品德教育，使他们的身心得到全面、健康的发展，是辅导员的基本任务。辅导员可开展主题班会活动，适时对学生进行爱国主义教育；开展演讲、辩论会等活动，对学生进行审美教育以及世界观、人生观、价值观教育等，帮助学生认识世界、明辨是非，使学生成为品德高尚的人。

6. 用榜样的力量带动学生发展

辅导员应注重发挥品学兼优学生的示范带头作用，让有特长的学生带动其他学生发展。为此，辅导员可组织小型班级交流活动，让学生相互

学习。学生相互交流和学习，能够形成良好的学习氛围。这有利于辅导员更好地开展学生管理工作，满足学生的各种需求，促进学生全面发展，达到培养复合型高素质人才的目标。

（五）高校从严、从细抓好常规管理

1. 从严管理

高校管理者应从严管理，严格执行学校规章制度，从而高标准、高质量地完成各项工作。

（1）用制度约束教师。很多高校推出了《教师量化考核细则》，其中明确规定教师不得迟到、早退，教师中午禁酒、酒后不进课堂，在公共区域禁烟。高校应将这些要求与教师的年终综合考核挂钩，约束教师，打造高素质的教师团队。高校教师应自觉遵守学校的规章制度。

（2）用制度规范学生行为。很多高校学生人手一册的《学生必读手册》里有学生的权利和义务、学生一日常规以及严格的请假制度等内容。《班级量化管理考核细则》对学生的言行及各项活动都有明确的规定，有利于学生养成良好的习惯，提高学生的"三观（世界观、人生观、价值观）"水平。例如，学生在校园内餐厅自觉排队，在公共场所语言文明、右侧行走、不大声说话、不穿奇装异服，等等。

2. 精细化管理

精细化管理也称作精益管理或零缺陷管理，重点是把管理细化、精确化。精细化管理目标明确、岗位职责具体、工作流程优化，并鼓励教师对教学活动有精益求精的态度。高校管理者应注意管理的细节，使管理工作细致、全面，还应注意管理工作的程序化、制度化和信息化，使学校师生自觉遵守行为规范。精细化管理的基本要求如下：

（1）管理信息化。引入信息技术，使高校的管理更加高效，使数据

精确反映教育过程和效果。

（2）管理标准化。制定统一的管理标准，为实现多元化的人才培养目标提供保障，确保对学生进行全方位、深层次的教育和管理。

在当代教育背景下，精细化管理是一个重要的管理方向。它强调的是对管理细节的关注，使管理过程精确化，以达到良好的管理效果和教育效果。精细化管理不仅仅是管理技巧或策略，也是一种管理理念，有利于高校管理者更好地服务学生，有利于提高教育质量。

（六）高校注重提高教师业务水平

1. 注重让教师在岗学习

在岗学习是教师不断进修、提升自己的核心路径。教师应秉持终身学习的态度，通过各种方式，如在线课程、音像材料、业务讲座、每日学习活动和知识竞赛等，加强学习，提升自身专业素质。

2. 开展网络培训

教师参加脱岗培训可能会影响日常工作。因此，高校应积极利用现代信息化手段，如网络在线课堂，提供远程培训，确保教师培训与教学工作之间的平衡。

3. 提高教师综合素质

在信息化时代，信息不断产生，科学技术不断发展，知识不断丰富。高校教师应不断学习，不断更新专业知识，通过各种渠道，如查阅资料、与经验丰富的老师交流以及利用互联网，获取最新信息。另外，高校教师应具备组织能力、表达能力、科研能力和创新能力。教师具备教学设计能力和课堂组织能力，有利于在课堂上有效地传授知识，激发学生的兴趣，帮助学生解决疑难问题。高校教师还应及时学习新的教学方法和教学理念，从学生的角度出发开展教学工作，与学生沟通，确保他们真正掌握了所学的知识和技能。除了日常教学，高校教师还应处理学生间、师生间的矛盾和其他问题，并对学生进行思想教育。在科研和创新方面，教师应尝试将所学习、研究的知识和技能应用于实践，与相关技术人员合作，促进科研成果转化。提高高校教师的综合素质，不仅需要教师个人努力，也需要高校管理部门、领导和广大师生共同参与。提高教师综合素质，有利于促进高等教育发展，有利于为社会培养出更多的优秀人才。

（七）高校注重调动教师工作积极性

高校教师的核心职责是立德树人。这意味着教师的工作不仅包括教课，也包括培养学生的品质和价值观。作为"人类灵魂的工程师"，教师不仅要确保学科知识的传递，还要引导学生走向正确的人生道路。教师为人师表，应成为学生的榜样。高校应注重师德教育，注重调动教师的工作积极性，使教师更好地进行教学、更好地为学生服务。

1. 加强师德教育，做好思想教育工作

高校应加强师德教育，加强对教师的爱岗敬业、事业心、责任感、政治觉悟、集体意识、为人师表、自尊自爱等方面的评价和考核。

（1）弘扬主旋律。高校可通过理论教育和宣传活动，引导教师认识到师德建设的重要性，使教师树立正确的职业理念、自觉学习职业道德规范，提高教师的职业道德修养。

（2）实施师德考核制度。高校制定民主的师德考核标准，构建师德评价体系，使考核、评价真实反映教师的师德表现，切实激励教师锐意进取，达到提高教师职业道德素质的目的。

（3）减轻教师工作负担。高校应确保教师不做不必要的工作，使教师可以专注于教育教学和科研工作。

（4）取消不必要的活动。高校应取消无实质性价值的评比、活动，

让教师有更多的时间从事有意义的研究和教学。

（5）提高行政效率。高校应注重提高行政部门的服务质量和效率，保障教师的权益，同时强化对行政管理的监督。

高校为教师营造公平、宽松和有利于成长的工作环境，有利于提高他们的工作积极性和师德修养。

2. 以人文关怀提升教师工作积极性

在高校的大环境下，教师不仅仅是知识的传授者，还是学生成长的关键引导者。为了调动教师工作的积极性，充分发挥教师的潜能，高校应当为教师提供更多的人文关怀。

（1）教师对人文关怀的需求。每一个教师都有自己的情感和内心世界。教师在日复一日教书育人过程中，也会有自己的困惑、压力和需求。高校应当深入了解教师的内心世界和他们在生活、工作中面临的具体困境，给予教师必要的关心和支持。高校对教师的关怀能增强教师的幸福感。当教师在教育教学过程中感受到辛苦而又幸福，他们会更加热爱自己的职业，并用心投入每一天的教学。

（2）高校对教师进行人文关怀的必要性。充满人文关怀的高校能够更好地激发出教师的潜能。教师本身就是具有人文精神的群体，具有独特的、富有人文精神的人格魅力。高校可以举办各种活动，如弘扬社会主义核心价值观的文化建设活动，提升教师的精神境界。当教师能在满足自己需求的同时对自己的职业有更深刻的认识，他们的教学质量和热情会相应提高。

（3）高校对教师进行人文关怀的具体措施：一是要增强广大教师的认同感和归属感，使教师真正感受到自己是学校的一部分，让教师参与学校的决策，使教师拥有真正的主人翁意识；二是要鼓励教师创新和发展，使他们在工作中感受到成就感，这会进一步增强他们的责任心；三是要创建和谐的校园环境，使教师在工作中感到愉悦、幸福、安全和温暖。

不论是为了更好地培育学生，还是为了提升教师的教学质量和热情，高校都应该认识到提升教师工作积极性的重要性。高校采取上述人文关怀措施，不仅有利于培养出优秀的学生，还能激励教师更好地为学生服务。

3.加强教师团队建设

一个团结、互助、和谐的教师团队可以为学生提供更优质的教育资源。高校应加强教师团队建设，打造高素质的、和谐的教师团队，促进教师职业发展，提高学生的满意度。以下是高校进行教师团队建设的一些方法：

（1）确保教师工作评价体系是公平、透明的，不受任何偏见或偏向的影响。这样，高校可以保证每个教师都知道他们的努力和贡献是被认可和奖励的。例如，某高校使用了一个开放的，由教师、学生和管理层共同参与的评价体系，确保了评价的公正和透明。

（2）开展团队建设活动。高校可定期组织教师开展团队建设活动，如团队培训、研讨会、户外拓展训练等，以加强教师的相互了解和合作。例如，某高校每学期都组织一次教师团队拓展活动，如攀岩或团队合作游戏，培养教师的团队合作精神，促进教师之间的交往，使教师建立亲密的团队关系。

（3）持续为教师提供专业发展机会，让教师有机会学习新的教学理念、教学方法或技能。例如，某高校每年都会资助一些教师出国参加国际学术会议或进行短期访学。

（4）建立良好的沟通机制。高校应确保校园内有多种沟通渠道，鼓励教师进行交流和分享，也鼓励教师与管理层进行沟通。例如，某高校设有每月的茶话会，允许教师与学校领导直接交流意见和建议。

（5）共享资源。高校应建立资源共享机制，如共享教学材料、研究资料等，促进教师之间的合作。

（6）关注教师的福利。除关注教师的工资待遇外，高校还要关注教师的健康和家庭需求，为教师提供必要的支持。

（7）认可与鼓励教师。高校应对教师的工作给予及时认可和鼓励，这有助于增强他们的归属感和集体荣誉感。

（8）增强教师团队凝聚力。高校应使每位教师都理解并接受学校的教育理念、教育目标和教育任务，这是形成强大的集体凝聚力的基础。

（9）营造开放的工作环境。高校应鼓励教师提出建议，真正听取他们的意见，并根据实际情况对学校的工作进行改进。

（10）明确教师的角色与责任。高校应确保每位教师都清楚自己在集体中的角色和责任，这有助于教师更好地为集体做出贡献。例如，某高校在每学期初为教师明确分配课程任务和研究方向，确保每位教师都清晰地了解自己的职责。

高校加强教师团队建设，需要从多个方面入手，不仅要考虑教师的专业发展，还要关注他们的情感需求，通过各种机制和措施，营造支持、尊重教师的工作环境。

4.合理安排教师的工作

合理安排教师的工作，对于高校的管理来说至关重要，也是激发教师工作热情的关键。为确保教师工作安排恰当、合理，高校管理层首先需要对每位教师进行全面的了解，安排教师工作时，应遵循以下原则：

（1）教师工作安排符合本校工作需求。高校应依据国家的教学计划和本校的实际工作需求来决定各学科的教师分配，确保教师满足国家的教学要求并完成学校的各项任务。高校所有工作人员，无论是校领导还是教师，都应根据国家教学计划和本校实际需求开展各项工作，以确保高校工作顺利开展。

（2）充分利用教师的专长。高校管理层安排教师工作时，应确保教师专业与任务相匹配，也应考虑到教师的具体优势和专长。例如，掌握扎实基础知识、具有较强的语言表达能力和组织能力的教师更适合负责低年级的教学工作或辅导员（或班主任）工作，理论知识丰富、逻辑思维能力强的教师更适合负责高年级的教学工作。

（3）促进团队合作。在分配教师工作时，高校管理层还需要考虑教研组或备课小组教师的整体状况，确保他们在业务上能相互支持、互补，打造一个互相学习、共同进步的教师团队。高校管理层需要使团队中的教师在知识水平、能力、年龄和性格等方面都合理搭配。

（4）考虑现状并展望未来。在安排教师工作时，高校管理层除了考虑当前的教学需求，还需要从提高教师专业水平和提高教学质量的长远角度考虑。

（5）满足教师的个性化需求。每位教师都有其独特的兴趣和需求。同时，不同年龄段的教师可能需要不同的工作量，可能需要达到不同的工作要求。高校管理层在安排教师工作时，应尽量考虑到教师的个性化需求，为他们创造有利的工作环境。

为了达到良好的教学效果，提高教师和学生的满意度，高校管理层在安排教师工作时必须进行细致的考量，使每位教师都能发挥最大潜能。

第三章 高校学生管理体系构建

第一节 高校学生管理体系构建要点

为了实现高校的现代化管理，高校管理者不仅要有足够的勇气调整管理策略，还需要有对高校事务的深刻了解和全局思维，从而有组织、系统地解决各种管理方面的问题。高校管理者应根据本校的实际情况构建学生管理体系，使学生事务管理更加科学合理，调动学生的积极性，突出学生的主体地位，也赋予教师更大的教学自主权，推动教学改革，提高教学质量，促进学生全面发展。高校管理者构建学生管理体系应注意以下几点。

一、激发教师的工作热情，充分发挥教师在学生管理中的作用

教师有责任管理学生，在学生管理中担任重要角色。为了充分发挥教师在学生管理中的作用，使学校的每一位教师都能为学校的长远发展做出贡献，引入激励机制是关键。高校管理者应注重从教师的角度出发，实施更多的奖励策略、少量的约束，从而使教师在高效的工作中保持积极的

心态。这样，教师在工作中不仅能够得到实质的奖励，还能感受到自身价值的实现，从而更加热情地投入工作，充分发挥自身潜能。另外，高校管理者还需要站在教师的立场，理解他们在工作中的困惑和难处，帮助他们克服困难。这能够促进教师发展。为了确保教师的工作和生活平衡，高校应完善福利制度，举办各类活动，如文艺演出、体育比赛和团队旅游活动，丰富教师的业余生活，增强教师团队的凝聚力，使工作与生活、个人与团队之间形成和谐的关系。

二、调动学生的积极性，让学生主动参与高校事务

学生在学校中具有中心地位。学生不仅是教育的接受者，也是学校的一分子。每一位学生都有自己的个性、想法、需求和权益。学生应该是高校管理的主体和合作者。高校应为学生建立一个表达意见的平台，同时鼓励他们与高校管理者共同参与决策和管理，调动学生的积极性，从而提高高校管理的质量和效率。高校管理者应秉持以学生为中心的管理理念，在实际管理中尊重并维护学生的尊严、权利和个性，鼓励学生提出真诚的意见和建议。高校管理者在得到学生的反馈后，应尽快给予积极的回应，确保每一个问题都得到妥善解决。

三、为学生建立独立的管理机制

对于高校来说，为学生建立独立的管理机制非常重要。高校应推行干部轮换制度、轮换监督制度以及学生干部选举制度，并定期举办学生实践周活动。这不仅能培养学生的合作意识和竞争意识，也能培养他们的自我评估能力、实践能力和集体责任感，增强他们的自信。

高校管理者应信任并尊重学生，保障他们获得信息、参与决策和评估的权利。奖学金和其他奖励的发放必须遵循标准化程序，并接受学生的监督。为了保证学校各项事务的公正、透明，高校应实行民主测评，并实施学生倾听制度。此外，高校还可实施师生相互评价制度，例如，通过学

生评价、问卷调查和学生论坛等形式,确保学生能够在学校的民主管理中扮演核心角色。

高校管理的现代化是一个复杂而又必要的过程,高校管理者应有远见、智慧和毅力,同时全体教职工也要共同努力和配合。高校管理者在构建学生管理体系的过程中,应真正将学生置于中心位置,充分尊重和保障他们的权益,从而实现科学、高效的学生管理,为学生提高优质的服务,培养更多的优秀人才。

第二节 高校学生管理组织构建

一、高校学生管理组织构建原则

一般来说,构建高校学生管理组织应遵循以下原则。

(一)系统性原则

高校学生管理涉及学生的思想品德、专业学习、体育锻炼、劳动实践、课余活动、行为习惯以及职业规划等。为了实现对学生的科学管理,高校应构建系统化的学生管理组织。学生管理组织在高校中发挥着重要作用,被视为一个至关重要的高校子系统。该系统与高校的人才培养目标同向,旨在维护校园的正常教学、工作和生活秩序,确保学生的身心健康,并促进学生的德、智、体、美、劳全面发展。学生管理组织是一个由多种要素、多个层次构成的系统。在这复杂的系统中,各个部分彼此关联,且与整个系统紧密联系。高校管理者在构建学生管理组织时,应考虑学生管理组织中的任何部门、任何层次与其他部分的关系,以及其对整体效率的影响。若不考虑这些因素,可能会导致整个学生管理组织系统的效率降低和功能失调。

为了优化学生管理组织,高校管理者应深入了解各个管理部门在整个管理体系中的作用，分析各管理部门的依存、制约和互助关系，追求各部门的最佳组合，剔除那些可能导致任务重复的部门。高校管理者还要特别注意各部门的职能分工，避免职能被遗漏。一个职能明确且各部门相互补充的管理组织能够制定出从上到下的有序的工作流程，避免在学生管理中出现多中心混乱现象，确保对学生从入学到毕业的全过程都进行有序的管理。

总之，高校管理者应根据系统性原则来构建和优化学生管理组织，确保各个部门职责明确、功能独立又相互补充，为学生的全面发展打下坚实的基础。

（二）层级制与职能制结合的原则

高校学生管理组织涵盖校、系、年级、班、组等层级。高校学生管理组织也涉及各个职能部门。例如，学工委办公室（学生处）、教务处、总务处、宣传部、团委等被视为职能部门，都以各自的视角参与学生管理。高校管理者构建学生管理组织时，应以职能制为主导，也要重视层级制，既要使各职能部门相互配合，又要设置合理的管理层级。若管理层级过多，可能会导致领导层信息处理量增大，使领导层负担加重，并增加管理系统内各部门之间的协同难度，还可能导致管理流程变得更加复杂，导致管理效率降低。高校管理者需要有全局的视角，在构建学生管理组织时，不仅要考虑各个管理层级之间的沟通与联系，还要努力简化机构，提高管理效率。另外，管理层级越低，直接管理的对象越多。高校管理者应在较低的管理层级中建立相应的管理部门，并确保层级制和职能制充分结合和互补，从而实现良好的管理效果。

（三）职、责、权一致原则

高校管理者在构建学生管理组织、进行人员配置时，需要遵循职、责、权一致的原则，从而确保各部门功能得到充分发挥，并使各部门工作相协调。"职"是职务与职能;"责"意味着责任;"权"是基于职能和任务被赋予的权力。为了提高管理效率,高校应对学生管理组织中各部门的职责和权力有明确的规定。首先,要明确每个部门的职能,确保每位工作人员的职责与其能力相匹配。高校管理者在确定和分配各部门职能时,应保证每个部门都能对其承担的任务负责,精简机构,实现高效管理。在人员职务安排上,管理者应遵循任人唯贤、人选与职能相匹配的原则,从而为每项工作选定合适的人员。其次,为了确保每位工作人员都能有效地执行任务,管理者应该明确他们的职责和权力范围,从上至下实施岗位责任制。这样的操作可以确保每个部门、每个岗位都有明确的分工和责任,为工作人员提供清晰的指导,确保他们能够完全履行职责。

但值得注意的是,过度明确的职责和任务可能会限制工作人员的创造性和主动性,特别是在应对突发事件时可能会导致管理上的障碍。因此,为了确保管理的灵活性与高效率,管理者需要在确保每个部门和工作人员职、责、权一致的基础上,考虑其职能的适应性和特殊性,确保每一位工作人员的职责和权力都是合适的。总的来说,确保职、责、权一致不仅是管理的基本原则,也是提高工作效率和确保工作质量的关键。

(四)集中管理与民主管理相结合的原则

当代大学生管理的核心是集中管理与民主管理的完美结合,两者互补并共存。集中管理能够确保管理高效率,民主管理能确保学生参与和管理被广泛接受。

在集中管理的框架下,高校的最高领导层往往负责制定统一的管理策略。但过于强调集中管理可能会导致高层领导的责任范围过度扩大,这样,他们不仅需要做出策略性决策,还需要深入日常管理活动中,这显然不是最佳管理。尤其在学生管理系统日益复杂、信息量大增的情况下,较低的管理层级特别是系级管理层的活动显得尤为重要。

在设立或调整学生管理部门时,应遵循集中管理和民主管理相结合的原则，需要重新分配管理系统内部的权力和责任，将管理层的决策和协调职能与日常管理活动分开。在整个学生管理体系中，除了构建决策和执行体系外，还要建立监督、咨询和反馈机制，确保整个学生管理组织具有出色的控制力和执行力。另外，学生不应被视为被动的管理对象，而应该是积极的管理参与者。高校要真正实施民主管理，就应让学生通过各种方式参与到管理过程中，应使学生会、学生代表大会等组织成为学生管理工作的有效监督和反馈组织。高校也可以考虑让学生代表参与某些管理部门的工作，这样不仅可以确保学生的声音被听取，还可以培养他们的领导能力。

集中管理与民主管理的结合是当代大学生管理的基石。这种结合确保了管理的高效率和广泛的接受度，从而保证了学生管理的良好效果。

（五）因校制宜的原则

学生管理组织的构建受到许多因素的影响，如学校类型、任务、规模、办学条件以及社会环境、学生来源、管理者素质等。因此，不同的高校可能需要有不同的学生管理系统。高校管理者应该根据实际情况构建学生管理组织，使学生管理组织既符合统一的大原则，又具有针对性和实效性。例如，中小型学院可能只需要一个较为简单的学生管理组织，而大型高校则可能需要较为复杂和多层次的学生管理组织。高校管理者要构建较为复杂的学生管理组织，需要从组织的顶层到基层都进行周密的策划和设计。为了确保学生管理组织的有效性，高校可以进行试点工作，总结经验，持续优化组织构建方案，以找到最适合本校的学生管理组织构建方案。

二、高校学生管理组织架构设置

大学生管理队伍的工作岗位责任制度将学生管理的各项规定、要求和注意事项明确落实到每位管理者身上。此制度能确保每位管理工作人员都具有明确的职责和分工，同时为评估其工作绩效提供了标准。学生管理组织中不同的管理层级都有其工作责任。

（一）学生党支部

高校通常按照专业划分院、系（部），并根据招生标准划分各个年级，每个年级进一步划分为多个班级。学生党支部也应按专业、年级或班级层级建立。学生党支部有助于其成员与同年级或同班级的学生建立紧密联系，更好地了解他们的情况。这种组织设置有助于党支部在高校的核心工作中发挥政治引导作用，也有助于党支部成为联结党和广大学生的桥梁，定期了解学生的思想动态，有效地进行思想政治教育。此外，这样的组织结构也便于党支部具体指导和协助团支部和班级委员会开展各项工作，从而提高工作效率。

（二）团总支

在高校中，团总支通常按系（部）或年级设置，团支部设于班级。校团委的主要职务由专职干部担任，大部分委员是学生；团总支书记由青年教师担任，其他职务（如副书记）主要由学生担任；团支部的所有职务（包括书记、委员和团小组长）都由学生担任。团总支同时接受校团委和系党总支的领导。各级团组织的人员数量根据高校实际情况而定。

（三）学生会

高校设学生会，各系（部）设学生分会。所有学生分会及下属组织的成员均是学生。校学生会除了接受校学生工作处（部）的指导外，还要接受校团委的指导和帮助。学生分会和班委会分别要接受团总支和团支部的指导和帮助。

（四）校学生工作管理委员会

校学生工作管理委员会在学校领导下开展工作，设学生工作管理委员会主任、副主任和系学生工作组组长。

1. 校学生工作管理委员会主任职责

（1）统一指导和协调全校学生管理工作。

（2）制订基于学校党委和行政学期工作计划的学生工作学期计划。

（3）根据不同年级特点，组织、安排并实施阶段性的学生管理工作。

（4）分析学生思想动态，为决策提供资料。

（5）安排学生管理干部培训，与人事处共同组织专业职务评定工作。

（6）协调学生思想教育、后勤服务、学籍管理等全校各部门工作。

2. 校学生工作委员会办公室（学生处）主任职责

（1）主管全校学生行政管理和思想教育工作。

（2）根据学生工作管理委员会决定，协调学生管理工作，组织并检查基层工作。

（3）负责奖学金、贷学金的管理、评定、调整和发放。

（4）主管招生。

（5）协助教务处进行学籍管理，办理退学、休学、复学和转学。

（6）维护教学、生活秩序和纪律，统一处理学生来信及来访。

（7）负责学生统计工作。

3. 系学生工作组组长职责

（1）在系党总支和系主任领导下，组织学生学习活动和管理。

（2）组织政治学习和形势教育。

（3）抓紧学生中党团的思想和组织建设。

（4）指导年级辅导员、辅导员（或班主任）工作。

（5）协助辅导员（或班主任）进行学生操行评定、"三好"评比等工作。

（6）掌握学生思想特点，探索学生管理工作经验。

（五）年级辅导员

高校年级辅导员职责包括以下五个方面。

1. 学生思想政治教育与学生管理

在系党总支领导下，负责本年级或专业学生的思想政治教育和相关的学生管理工作。

2. 组织教育活动

（1）组织政治形势教育。
（2）负责新生入学教育。
（3）组织学生在劳动、实习、军训等环节的思想政治教育。
（4）安排和协调本年级学生的社会实践及课外公益活动。

3. 制订、监督实施工作计划

（1）根据年级特点，制订学期工作计划。
（2）指导并检查各班级的工作计划实施情况。

4. 对学生管理提出意见

对学生的升留级、休学、复学、退学、奖惩、品德评定、综合测评等提出具体意见。

5. 科学研究

进行关于工作对象、任务、方法及相关理论的科学研究。

（六）辅导员（或班主任）

高校辅导员（或班主任）职责包括以下六个方面。

1. 指导与管理

指导学生学习并负责学生管理工作。

2. 合作与协调

配合党团组织和年级辅导员开展学生思想教育和管理工作。

3. 思想教育

坚持四项基本原则，对学生进行爱国主义、集体主义思想教育。

4. 学习活动督导与学法指导

（1）督促和引导学生开展学习活动。

（2）指导学生改进学习方法，提高学习效率。

（3）作为教与学之间的桥梁。

5. 了解学生情况

（1）全面掌握学生情况。

（2）负责德、智、体综合测评。

（3）班级管理与培训：负责班干部的选拔、培养和指导。

6. 课余生活指导与班风培养

（1）指导学生的课余生活。

（2）增强学生集体观念，培养团结向上的班级风气。

（七）导师

高校导师职责包括以下六个方面。

（1）由讲师以上职称的教师担任，忠诚于教育事业，具有强烈的责任心、高尚的品德、丰富的教学经验和较高的学术水平。

（2）重点为学生的专业学习提供指导，并对学生进行学术思想的熏陶。

（3）兼顾进行思想政治教育，将思想政治教育融入专业教学的整个过程。

（4）发现和推荐有潜力的优秀学生，并向系提出特别培养建议。

（5）全面关心学生的成长和需求。每年对指导的学生进行评估，并提供评语。

（6）在明确特定职位的职责时，应详细列出大学生管理干部在任期内需完成的任务，并明确每项任务的标准和预期结果。此外，使所有任务的安排都基于实际情况，保证任务安排与实际工作环境密切相关。

第三节　建立并完善高校学生管理制度

为了对学生进行科学管理，高校应建立一套学生管理制度。制度是要求人们共同遵守的办事规程。高校学生管理工作需要有明确的制度来指导。为了确保学生管理制度的公正性和适应性，高校管理者建立学生管理制度时应遵循一定的原则。高校还应确保学生管理制度顺利实施。

一、建立高校学生管理制度的意义

我国高校的规章制度体现了党的优良传统、社会主义的道德观念以及国家的法律法规要求。高校学生管理制度不仅是学校全体学生日常学习和生活的行为准则，也是实行科学管理的重要保证。它强调学生纪律，培养学生的道德品质，并形成良好的校风。建立高校学生管理制度对推进学校建设、促进学生发展具有重要的作用。

（一）有助于充分调动学生的积极性

高校应培养高素质的专门人才。为了确保这一目标的实现，高校应构建与高等教育的内在规律相契合、遵循现代管理原则的完善的学生管理制度。这样的管理制度旨在为每位学生提供明确的行为指引，让他们知晓在何种情境下应当采取何种行动或应当避免采取何种行动，从而调动学生的积极性，充分发挥他们的个人潜能。学生都按照学校的规章制度规范自己的言行，朝着自己的人生目标努力，终将成为合格的人才。

（二）有助于建立正常的学习和生活秩序

很多高校已经发展成拥有数千或数万学生的庞大机构，拥有较完善的专业设置。在这样庞大的学校中，学生管理显得尤为复杂。为了确保大学内的秩序，高校管理者需要在加强思想政治教育的基础上，构建一套完善、具有指导意义的规章制度，引导学生明确自己的行为准则，确保他们的学习和生活能有条不紊地进行。

（三）有助于培养学生高尚的道德品质，形成良好的校风

高校作为培养高级专门人才的重要场所，肩负着对学生进行思想政治教育的使命。高校学生管理制度不仅要规范学生的日常行为，也要引导学生的思想和道德，帮助他们树立正确的人生观和价值观。一套合理、科学的学生管理制度可以促进学生形成高尚的道德品质、养成良好的学习习惯和生活习惯。这样的管理制度一旦建立并被广大学生接受，将会对学生产生长期、持续的影响，在校园中形成良好的风气和传统。事实上，我国的许多著名高校，如清华大学、北京大学等，都有着良好的校风和学术传统，这与它们长期坚持的、符合教育规律的管理制度是分不开的。

二、建立学生管理制度需要解决的问题

（一）实施科学管理，尊重教育教学发展规律

高校对学生进行科学管理，应当尊重教育教学发展规律。高校的学生管理制度必须是科学的、系统的，并尊重教育教学内在规律。只有这样，学生管理制度才能真正支持和促进教育质量提高和教学活动开展。

1. 学生管理制度体现教育教学的本质特征

高校管理者在构建学生管理制度时，应深入了解教育教学的核心目标和过程，以确保每一项制度、规章和流程都是为了提升教育质量和教学效果。

2. 学生管理制度符合教育教学客观规律

教育教学有其内在的规律和特点。这些规律是基于学生的学习、成长和教师的教学方法的。高校学生管理制度应与这些规律相符，从而使学生管理工作顺利开展，为师生营造良好的教学环境。

3. 学生管理制度符合学校实际情况

不同的高校有不同的发展历史、校园文化和社区背景。高校管理者构建学生管理制度时应考虑高校的实际情况，确保学生管理制度既具有普遍性，又具有针对性。

4. 学生管理制度与时俱进

社会、技术和教育领域的变化都要求高校的学生管理制度持续地更新和改进。只有这样，高校才能保持与时代同步，满足当代学生和教职工的需求。

5. 构建科学的管理体系

高校的学生管理制度不应是孤立和零散的。它们应当组成一个有逻辑、有结构和相互关联的体系。这样的管理体系能够确保高校的各个部门相辅相成，共同努力实现学校的长期目标和愿景。

（二）明确学校发展目标，构建全面的目标计划体系

构建全面的目标计划体系是确保高校决策顺利执行和最终成功的关键。下面介绍如何进一步对目标计划体系进行细化和拓展。

1. 进行需求识别和分析

对学生的需求进行详细的调查和分析，基于此明确办学的核心方向和重点。

2. 明确总体战略

基于办学理念，确定学校的远期发展目标。远期发展目标包括学术研究、学生发展、校园基础设施建设、学校与社区的关系等方面的目标。

3. 阶段性目标拆分

近期目标：1～3年的具体目标，如招生、课程开发、教育技术的应用等方面的目标。

中期目标：3～5年的目标，如建设新的学术中心、加强学校与产业界的合作、扩展国际合作等方面的目标。

长期目标：5年以上的远景规划，如学校在国内外的定位、长期的资金管理策略以及学校文化的持续培育等方面的目标。

4. 从总到分的目标分解

将总目标分解为学院目标、部门目标、团队目标和个人目标，确保学校每一层级的人员都明确自己的责任和期望。

5. 建立反馈机制

建立实时反馈机制，允许各层次的管理者和员工提供对目标达成的反馈，以便及时调整和优化管理策略。

6. 持续评估

定期评估学校发展目标的实现情况，并基于这些评估对学校发展目标进行必要的调整。这可以确保学校始终处在正确的发展轨道上。

7. 教师培训和发展

为员工提供与学校发展目标相关的培训和发展机会，确保他们具备完成目标所需的技能和知识。

8. 公开目标，建立沟通渠道

确保学校发展目标、计划和计划实施进度对所有相关人员公开，建立良好的沟通渠道，鼓励各级人员参与决策过程。

9. 奖励与激励

建立一个奖励系统，表彰那些在实现学校发展目标中做出杰出贡献的团队和个人。

总之，高校构建全面的目标计划体系，不仅需要明确学校的战略方向，还需要实时反馈目标实现情况，评估和调整目标，与员工沟通和合作。

（三）以人为本，构建和谐的人文环境

第一，进一步完善评价体系。在用人制度上，"赛马"比"相马"更重要；在评价制度上，鼓励比"诊断"更重要；在分配制度上，激励比惩罚更重要。加大对骨干教师的奖励倾斜力度，加大对为学校做出贡献的教职工的奖励力度。第二，坚持以党支部为核心，以教代会、工会为基础的组织建设。党支部发挥核心作用，加强党员队伍建设。经过民主选举产生的教代会、工会肩负全体教工赋予的重任，认真行使民主权利，履行各项义务，在校务公开、制度建设、学校管理等诸多方面为学校发展出谋划策。

（四）以制度为准绳，构建和谐、民主、公平的校园环境

高校作为知识传播和创新的中心，需要营造和谐、民主、公平的校园环境，这样可以鼓励学术自由，提升教职工的积极性，促进学校发展。

1. 完善评价体系

高校要确保评价体系是全面、公正和透明的，使评价体系真实地反映每位教职工的工作贡献和价值。根据学校的实际情况，高校需要不断完善评价体系，既考虑教职工的学术成果，也要关注他们在教育、管理和服务等方面的表现。

2. 用人制度改革

真正实现以人为本的用人理念，强调"赛马"的原则，即注重教职工的实际工作表现，而不仅仅注重其资历或学术背景。

3. 激励与鼓励

对于优秀的教职工和学生，应该给予足够的奖励和激励，不仅在物

质上给予奖励，也要在精神上和职业发展上给予支持。

4. 民主管理

高校的管理需要体现民主原则。通过教代会和工会，教职工可以直接参与高校的决策过程，对学校的决策和制度提出意见和建议。

5. 充分发挥党支部的作用

党支部需要加强自身建设，确保党员在学校中起到模范带头作用，推动学校的和谐发展。

6. 民主选举和决策公开透明

教代会和工会的成员应该通过公正、公开的选举产生，真正代表广大教职工的利益。此外，学校的各项决策都应该公开透明，接受社会和公众的监督。

总之，高校构建和谐、民主、公平的校园环境，需要在制度、管理和校园文化上都做出相应的改革和创新，确保教职工在公平、公正和尊重个人价值的环境中工作和生活。这不仅有助于提高教职工的工作满意度，还能为学生营造有益于学术发展和个人成长的优良环境。

（五）以现代教育理念为引领，构建开放、发展的制度环境

在21世纪的今天，教育不再仅仅是传统的知识传授，而重视学生的全面发展，帮助他们成为未来社会的建设者。为了实现这一目标，高校需要以现代的、开放的、发展的制度环境来支持教育的发展。

1. 完善科学化、网络化的管理系统

通过数字化技术和大数据分析，高校可以更有效地进行管理和决策。科学化、网络化的管理系统可以为每个学生提供个性化的学习资源，也可

以为教师提供及时的反馈和支持。

2. 以学生为中心

当代教育强调学生的主体性和参与性。高校应该为学生创造更多的实践机会，鼓励他们探索、创新、进行批判性思考。

3. 倡导"尊重"的教育理念

尊重是教育的基石。无论是尊重学生的差异性、尊重教职工的努力，还是尊重家长的参与，都是构建和谐教学环境的基础。在这样的环境中，学生可以得到成长和发展。

4. 实施育人新模式

实施"以尊重开启心智，以和谐润泽心灵"的育人模式，强调情感和价值观的培养。高校不仅要使学生掌握专业知识和技能，也要使他们形成健全的人格、树立正确的价值观。

5. 构建开放、发展的制度环境

当代教育的核心是使学生全面发展。为此，高校需要构建开放、发展的制度环境。这样的环境既可以为学生提供丰富的学习资源和实践机会，也可以为教职工提供支持和激励，有利于推动学校的持续发展。高校的各项制度应该具有弹性，能够适应社会、经济和科学技术的发展。这样的制度不仅对高校内部具有约束作用，也与外部世界相联系，强调高校与社会、企业和其他教育机构合作，共同为学生创造更好的学习机会和发展空间。

（六）依法治校，建立健全学校管理机制

高校是知识的殿堂。知识的传播需要在法治的环境下进行。依法治

校是高校健康稳定发展的基石。高校必须依法治校,要在国家法律法规的框架下,结合学校的实际情况,建立和完善学校内部的管理机制,从而保障学校的正常运作和稳定发展。

1. 确立教育服务理念

当代教育不再是单向的知识传授,而是双向的服务过程。学生、家长、社会都是教育的"消费者",对教育有着明确的需求和期待。高校应该从服务角度出发,保障学生的主体地位,提升教育质量和效果。

2. 人本管理

高校管理的核心是人,管理对象不仅包括学生,还包括教职工。高校管理制度应该侧重于满足他们的需求,调动他们的积极性,激发他们的创新潜能,让学校的每个人都成为学校发展的积极参与者。

3. 全面质量管理

较高的教育质量是高校最重要的核心竞争力。高校可实施全面质量管理,对学校工作的每一个环节都进行严格的质量控制,努力提升教育质量和效果。

4. 制度化管理

制度是管理的基石。一个完善、科学、合理的制度体系可以保障高校的稳定发展,避免管理的盲目性和随意性。同时,制度要有弹性,能够适应学校和社会的发展,满足不断增长的管理需求。

5. 预防与纠正

管理不仅要注重事后的纠正,更要注重事前的预防。高校通过制定和完善管理制度,可以有效地避免管理问题的发生,确保学校的稳定发展。

6.加强监督与检查

监督和检查是保障制度执行的重要手段。高校应该建立完善的监督、检查机制,确保学校各项制度的顺利执行和管理的有效性。

(七)构建全员业绩考评体系

高校对教职工的考评,除了注重教师的教学与科研成果,还应该注重教职工的整体素质、职业行为、团队合作和创新能力。为此,高校需要构建一个全面、公正、科学的考评体系。

1.综合性的考评体系

如果学校对教职工的考评过于碎片化,就无法全面反映教职工的综合业绩。所以,高校应构建一个综合性的考评体系,综合考量教职工的教学、科研、团队合作、创新和服务态度等多方面的表现。

2.以人为本的考评方法

高校的考评体系应该注重教职工的个人特点和成长需求,鼓励他们发挥个人特长、实现个人价值,也要注重教职工的综合素质,强调他们的团队合作能力和创新能力。

3.公开、透明的考评流程

考评的过程和结果应该是公开、透明的。高校的所有教职工都有权知道自己的考评结果,也有权对不满意的结果提出申诉。这样,高校可以确保考评的公正性,增强教职工的信任感。

4.考评与人力资源管理的整合

考评结果不仅仅是评价教职工业绩的结果,也是人力资源管理的重要参考。考评结果应该与教职工的培训、晋升、薪酬和福利等人力资源管理的各个方面紧密结合。

5. 持续性考评

教职工的成长是一个持续的过程，考评也应该是一个持续的过程，而不是一次性的事件。高校应该定期对教职工进行考评，确保考评的时效性和科学性。

总之，高校构建全员业绩考评体系，不仅能对教职工业绩进行评价，也可以通过将考评与人力资源管理相结合，提升学校的人力资源管理水平。通过这个考评体系，高校可以更加公正、科学地评价教职工的业绩，也可以更好地激励他们，实现学校的长远发展。

三、高校学生管理制度建立的原则

为确保高校学生管理制度建设的有效性和长远性，高校在建立和完善学生管理制度时应坚持合法性、符合国家政策要求、整体性、民主性等原则，确保学生管理制度能够顺利实施。

（一）合法性原则

高校学生管理制度的制定和执行都要合法。制度的合法化是制度进入执行阶段的前提。高校学生管理制度的依据、内容以及实施都要合法。制度的合法化是制度实施的基础。

（二）符合国家政策要求的原则

高校学生管理制度的指导原则和核心价值应与党的路线、方针和政策保持高度统一，符合国家的政策要求。高校在制定学生管理制度时，必须确保其内容和目标与党的路线、方针和政策相吻合。高校学生管理制度应在宏观上符合国家的整体政策要求，同时在微观上为学生的日常行为提供明确的指导，有利于高校营造有序、和谐的校园环境。

（三）整体性原则

在现代管理学中，系统观点是核心思想。它强调组织不仅要考虑自己的内部运作，还要考虑组织与外部环境的互动。每个系统或子系统都与其外部环境存在着相互作用和依赖关系，其有效性往往取决于这种相互作用的和谐程度。以国家为例，它被视为一个复杂的系统，包含许多子系统，如教育系统、经济系统、文化系统、卫生健康系统等。教育系统作为国家的一个子系统，承担着培养国家未来建设者的任务。在教育系统内部，高校是一个重要的子系统，直接面向青年学生，使他们掌握专业的知识、技能。高校学生管理工作专职人员不仅要管理和指导学生，还要确保高校这一子系统与其他子系统之间的协同。为此，高校学生管理工作专职人员需要做到以下几点：

1. 具备全局观

明确高校在整个教育系统中的位置，以及教育系统在国家中的位置和责任。

2. 跨系统协调

为了实现全局的目标，需要协调各个子系统间的关系，确保资源、信息和决策流动无阻。

3. 细节管理

在考虑全局的同时，要注重局部的具体事务，如学生的学习和课外活动的平衡。

4.灵活调整管理策略

随着外部环境的变化,能够调整和优化高校内部的管理策略和方法。系统中所有的子系统都处于协调和平衡状态时,整个系统才能实现效益最大化。这也是高校学生管理追求的目标。

(四)民主性原则

民主性对建立学生管理制度来说是一个至关重要的原则。高校学生管理制度具有民主性,有利于制度得到有效执行。高校学生管理制度建设中,师生对制度的知情权、监督权和建设权等应得到切实保障。

1.广泛参与

高校制定学生管理制度时,应鼓励学生、教师和其他相关人员积极参与,确保各方的意见都得到反映。

2.制度透明性

在制定和执行学生管理制度的过程中,必须确保制度的透明性,让学校所有人都清楚地知道要执行哪些制度和为什么。

3.持续沟通

高校管理者应定期与学生交流,了解他们的需求和困惑,并及时对学生管理制度进行必要的调整。

4.建立反馈机制

高校应建立制度执行的反馈机制,让学生有机会对已经制定的规章制度提出反馈意见。

5. 教育和培训

为了确保学生理解和遵守规章制度，高校可为他们提供相关的教育和培训。

6. 尊重和理解

高校管理者应始终尊重学生的意见，即使在意见不一致的情况下，也要确保每个意见都得到充分的考虑和理解。

总之，高校制定学生管理制度时，要确保学校所有人都有说话的权利，确保他们的意见被认真对待，确保他们都有机会参与学校决策过程。这样，高校不仅能够确保学生管理制度的公正性和有效性，还能加强学生与学校之间的联系和相互信任。

（五）科学性原则

高校制定学生管理制度时遵循科学性原则，就是要确保学生管理制度能够长期有效、适应不断变化的环境并达到预期效果。

1. 基于事实的决策

科学管理的核心是基于事实和数据进行决策，而不是仅依赖直觉或传统观念。这意味着高校管理者需要定期收集、分析和使用数据来指导决策。

2. 学生管理制度的灵活性

高校的环境和学生群体都在不断变化，因此学生管理制度应当具有一定的灵活性，能够适应这些变化。

3. 持续改进

随着时间的推移，不断改进管理制度成为科学管理的关键。高校管理者应持续地评估现有的学生管理制度,并根据实际情况对其进行调整和改进。

4. 多学科交叉

高校管理者可借鉴其他学科(如心理学、社会学和行为科学)的理论和方法,增强学生管理制度的科学性。

5. 系统思维

高校管理者应将高校视为一个复杂的系统,其中的各个部分都相互关联。这种系统思维有助于更好地分析管理中的问题、解决问题。

6. 实证方法

在实施新的管理方法或策略时,高校管理者可以采用实证方法,通过小范围的试验来测试管理方法或策略的有效性,然后考虑全面推广这些管理方法或策略。

7. 人本主义

高校管理者要确保学生管理制度具有科学性,不仅要注重分析相关数据,还要注重对人的理解和尊重。高校管理者应确保学生管理制度是以学生为中心的,确保其能够满足学生的需求和期望。

高校实施科学管理的目的是确保资源的高效使用,实现学生的发展和成功。为此,高校管理者需要不断地丰富自己的知识和技能,确保实施的管理方法和制度都具有科学性。

(六)教育性原则

高校学生管理制度具有教育性,是其在实践中产生积极效果的基础。高校应使学生管理制度能够真正帮助学生树立正确的价值观、养成良好的行为习惯，培养他们的思想品质和积极的学习态度。

1. 引导和启发

学生管理制度不应仅仅是简单的约束，而应该引导学生向正确的方向发展。通过学生管理制度的启发和教育，学生可以更好地理解和接受制度，自觉遵守规则，规范自己的行为。

2. 培养内在动机

真正的教育应当让学生从内心接受教育内容，而不仅仅是让学生外在地遵守规章制度。高校管理者应注意培养学生遵守学生管理制度的内在动机，从而使他们自己遵守这些制度，使他们养成良好的学习习惯和行为习惯。

3. 持续沟通和反馈

高校管理者应与学生进行持续的沟通，确保他们理解并接受学生管理制度。同时，管理者应该鼓励学生提供对制度的反馈意见，从而调整和完善制度。

4. 强调学生管理制度的实际应用

高校管理者应注重学生管理制度的实际应用，以确保学生在良好的环境中学习和应用专业知识和技能。

5. 培养创新精神和探索精神

高校的学生管理制度应该鼓励学生创新和探索，而不是仅仅约束他们的思想和行为。

6.学生管理制度与学生的现实生活相联系

学生管理制度应与学生的现实生活紧密联系，使他们能够在日常生活中养成良好的习惯。

总之，高校学生管理制度的教育性是使学生真正受益于制度的关键。为了实现这一目标，高校管理者应注重学生管理制度的引导性、启发性和实际应用，使制度与学生的现实生活紧密联系。

（七）严肃性原则

学生管理制度的严肃性确保了其实际效果和权威性。高校制定的每一项学生管理制度都需要得到严格执行。制度的执行不能受到个人情感或任何特殊情况的影响，例如，奖励和处罚应当明确、公正，并且对每个人都一视同仁。为了使学生管理制度顺利执行，应使其具有一定的稳定性，避免制度频繁变动，以确保学生的行为得到恰当的引导和规范。同时，高校管理者应认识到并非对所有事项都能立即建立制度进行规范，对于某些事项可能需要更多时间或特定条件才能实施相应的制度。但一旦决定建立制度，就必须确保其得到严格执行，以确保制度的严肃性和权威性。高校学生管理制度的严肃性是确保其真正起到作用的关键。高校只有确保制度得到严格和持续的执行，才能使学生的行为得到真正的规范和引导。

（八）可操作性原则

高校学生管理制度的可操作性确保了这项制度的实际效果。如果学生管理制度中的各项要求都具有明确性，有些要求具有量化性，这些制度就容易被理解和执行。这些制度不仅要符合国家法律和政策的要求，还要针对学生的日常学习和生活实际为学生提供具体的行为指南。

1. 明确性与简洁性

学生管理制度的内容应该直截了当，避免冗长和模糊的描述。明确的规定能让学生更好地了解他们的职责和预期的行为。

2. 量化的标准

为了避免主观解释，具体的量化指标，如分值、时间限制、数量要求等，应纳入学生管理制度中。例如，学生管理制度应包含出勤率、学业成果、团队合作等方面的具体评分标准。

3. 可衡量的结果

学生管理制度实施的效果应该容易衡量和检验。高校应使用可靠的数据（如学生考试成绩、出勤记录和其他形式的反馈数据）来衡量学生管理制度实施效果。

4. 易于执行

学生管理制度不应仅仅停留在纸面上，而应该易于实际执行。学生管理制度中的所有要求和标准都应具有实际操作的便利性。

5. 公正与透明

为了保证每位学生都得到公正的待遇，学生管理制度的内容和实施应具有透明性。学生应该能够随时查询和了解自己的表现评估结果。

6. 持续评估和修订

随着时间的推移，教育环境会发生变化，学生管理制度可能需要调整。高校应定期评估和修订学生管理制度，确保学生管理制度始终与当前的学生情况和需要相适应。

上述基本原则既有各自的独立性，又相互紧密联系。只有严格遵循这些基本原则制定的学生管理制度，才能经得起实践检验，具有强大的约束力和教育意义。

四、高校学生管理制度的具体内容

（一）学生守则

（1）拥护中国共产党，爱祖国、爱人民、爱家乡。

（2）严格遵守所有法律法规，并培养强烈的法律意识。遵守学校的规章制度和校园纪律，遵守社会公德。

（3）热爱科学。不断努力学习，充满好奇，积极探究未知。持续积极参与社会实践和各种有益活动。

（4）珍视自己的生命，随时注意安全。通过锻炼来保持和增强身体健康，讲究个人卫生。

（5）自尊、自爱、自信和自强。培养和维持文明、健康的生活习惯。

（6）积极参与各种劳动活动。倡导并实践勤俭朴素的生活方式，努力完成专业学习和集体交给的任务。

（7）孝顺父母，尊重师长，对人礼貌。培养团队精神，与同学团结合作，互相帮助，关心他人。

（8）诚实守信，言行一致。敢于承担责任，知错就改，始终充满责任感。

（9）热爱并保护大自然，爱护和珍视学习和生活环境。

（二）学生考勤制度

1. 开学报到

学生每学期必须按规定的时间报到。自开学之日起，正式开始对学生的考勤进行记录。

2. 考勤活动

学生参与的所有活动，如正式上课、自习、班会以及学校规定必须参加的会议，都将进行考勤记录。

若学生因故不能参与上述活动，必须按照规定事先办理请假手续。未事先请假或请假未获批准，或者超过请假天数未办理续假的，将被视为旷课。

3. 节假日管理

在规定的节假日，学生必须按照学校规定的时间离校和返回。

若因特殊情况需要提前离校或延迟返校，学生必须提先办理请假手续。未能按时返回且无相关证明的，将被视为旷课。

4. 迟到和早退的处理

所有课程的开始和结束，以上下课铃声为标准。上课铃声响完后进入教室者被视为迟到，下课铃响前离开教室者被视为早退。迟到或早退三次，将被计算为旷课一学时。

5. 考勤记录与通报

学生上课时，任课教师负责进行点名，并记录学生的上课出勤情况。

辅导员（或班主任）要详细记录学生的迟到、早退、旷课情况，并每月向学生科提交一份考勤报告。

学生科根据实际情况，将通过各种方式，定期或不定期地向相关部门通报学生的出勤情况。

（三）学生请假制度

为确保学生的安全，维护学校正常教学秩序，特制定学生请假制度如下：

1. 请假流程

学生因正当理由需要请假时，须及时与辅导员（或班主任）沟通，并提交书面请假条。

学生因正当理由需要离开学校时，必须先告知辅导员（或班主任）并提交请假条。所有的请假条须由辅导员（或班主任）保管并备案。

需要离校请假时，学生要填写学校统一制式的离校请假条。请假条必须由辅导员（或班主任）签字确认。在特殊情况下，如学生生病，须由教师或辅导员陪同就医。

2. 请假时长的批准权限

请假时长不超过一天的，由辅导员（或班主任）批准。

请假时长超过一天的，辅导员（或班主任）须向教务处（或学生处）提交请假申请。未经批准或无正当理由缺席的学生，被视为旷课。

3. 请假限制

在正常的上课时间内，除非有特殊原因，一般不允许学生请假。

4. 请假条的审核

各班级必须严格遵守请假制度。准假的辅导员（或班主任）必须在签字前详细了解请假原因，对于理由不明确或不充分的请求，应拒绝批准。

5. 未按时返校的处理

如果学生未按规定的时间返校，辅导员（或班主任）须及时了解原因，并与学校领导及时沟通、处理。

此请假制度旨在确保学生的安全和学校的正常运行。希望所有学生能够认真遵守，共同营造有序、安全的学习环境。

（四）高校学生学籍管理制度

高校学生学籍管理制度是高校为规范学生学籍管理工作而制定的一套完整的管理制度。这一制度囊括了学生从入学到毕业在学籍方面的所有事务。高校学生学籍管理制度的主要内容如下：

1. 入学注册

明确新生入学时的学籍登记程序、时间、地点和要求。

2. 学籍变更

对于转专业、转学、复学等学籍状态的变动，都应有明确的申请、审批和执行流程。

3. 休学与复学

规定学生因故需要中断学业时的申请程序和条件，以及复学时的流程和要求。

4. 退学与开除

对于主动退学或因违反校规被开除的学生，明确相关的程序和条件。

5.学籍信息维护

包括学生信息的采集、存储、更新和查询等。

6.毕业与结业

对于达到毕业要求或未达到毕业要求但完成学业的学生，明确相关的流程和证书发放要求。

7.学籍档案管理

包括学籍档案的建立、维护和查询等。

8.与其他部门的协同

例如，建立与教务、财务、宿舍等部门数据共享和协同工作机制。

高校学生学籍管理制度的意义在于建立有效的管理体系，以确保学校内的学生得到全面的教育和发展，促进学生的学术进步和个人成长。首先，学生学籍管理制度有助于使学生的学习权益得到保障。通过明确的学生学籍管理规定和程序，高校可以更好地保障学生的合法权益，确保他们在学术和生活方面得到公平对待。这为学生提供了有序的学习环境，让他们能够专心学习和发展。其次，学生学籍管理制度有利于维护学校的教育质量和声誉。通过对学生的入学条件、学习进展、成绩评定等进行规范和管理，高校能够更好地监督和提升教学质量，确保学生学术水平和学位的真实性。这有助于维护学校的良好声誉，使学校吸引更多的优秀学生和教师。再次，学生学籍管理制度还有助于培养学生的自律能力和责任感。通过要求学生遵守规定、按时完成任务，学校能培养学生的自我管理能力和时间管理能力。这些素质在他们未来的学习和职业生涯中都具有重要价值。最后，学生学籍管理制度有利于社会的长远发展。通过严格的学籍管理，高校可以培养出合格的毕业生。高校培养的学生将成为未来社会的中坚力量，这有利于促进社会的发展。

（五）高校学生行政管理体制

高校的行政管理体制是一个大的系统。学生行政管理体制是这个系统的一部分，或称为一个子系统。为了使学生行政管理工作能跟上形势的发展、适应学生的实际需要，有必要对学生行政管理体制进行分析，以加强学生行政管理体制建设，逐步提高学生行政管理工作的水平。

1949—1965年，高校的管理模式与当时的企业管理模式相似，采用了"一长制"的管理方式，其组织结构与企业的"三级一长"结构类似。在高校管理体系中，校长、系主任以及年级或班级主任是各自级别的"一长"，直接负责各自级别的管理。尽管此后高校管理模式有所调整，但整体上的组织结构并未发生根本变化。在这一时期，没有独立的部门负责学生行政管理。高校的各个部门在其主要职责外，都承担了学生行政管理的部分职能。例如，教务处负责教学管理，学生生活管理由后勤部门的总务处来负责。对于招生与毕业生的工作分配，不同高校有不同的管理部门。教务处通常还会承担奖励与处分的职能。在系级，学生行政管理主要由系办公室来负责；在年级或班级，政治辅导员在学生行政管理方面起到了关键的作用。部分高校还为班级设置了专门的教务员来负责学生行政管理。当时已构建了符合实际需求的学生行政管理框架。

现行的学生行政管理体制的主要模式如下：

1. 散在模式

在此模式下，学生行政管理工作被高校各部门分散承担。这基本上沿用了直线职能参谋组织形式。尽管没有增加新的管理部门，但是对权力和职能的分配更加明确和分散，保证了行政管理的有效性和稳定性。

2. 专兼模式

这种模式主要是通过在学校内成立学生处来实现的。学生处成为学生行政管理的主导部门，其他相关部门仍然承担部分学生行政管理职能。

在校级，专门的学生行政管理部门——学生处被建立起来。

在系级，不同学校的做法有所不同：一些学校成立了学生办公室，学生办公室专门负责学生管理工作，而其他学校保持原有机构不变。

在基层，辅导员（或班主任）仍然是主要的学生管理人员。少数学校也为年级设立了学生办公室。

在专兼模式下，全国的很多高校已经建立了学生处。但不同高校学生处的职能和权限有所不同。大致上可以将学生处的职能和权限分为三种情况。一是学生处不仅全权负责学籍管理工作，还参与奖惩事宜，并与其他部门协作负责课外活动和校园秩序管理。此外，学生处还参与每年的招生工作。二是学生处主要负责学生学籍管理工作，招生工作由招生办公室负责。教学管理任务，如考核评分、升级评定等，由教务处承担。三是除学生行政管理工作外，学生处还参与部分后勤工作，如宿舍管理。

3. 复合模式

随着教育事业的发展和高校管理需求的变化，在学生行政管理方面，部分高校开始采用复合模式，将行政管理与思想政治教育相结合。这种模式的核心特点是在校级设立了集学生部职能和学生处职能于一体的统一部门。这种模式实行"一套班子、两种性质"的工作方式。这种部门设置确保了行政管理和思想政治教育的高效协同，并强调了对学生全面发展的重视。这种模式中各个层次的主要职能如下：

校级：学生部和学生处合并为一个部门，成为负责学生行政管理和思想政治教育的核心部门。这种合并使得管理和教育紧密结合，可以确保学校决策和行动高度一致。

系级：有的高校直接在各个系设立了学生办公室。这些学生办公室不仅主管学生行政管理工作，还负责思想政治教育工作。这种部门设置为各系提供了有针对性的管理和思想政治教育，能使各系的学生得到合适的支持和指导。

各年级：有些高校根据本校实际情况和管理需求在各个年级设立了学生办公室。这些学生办公室专门负责各个年级学生行政管理和思想政治教育工作。这样的部门设置可以更好地满足各个年级特定的管理需求和教育需求。

复合模式强调学生行政管理和思想政治教育的结合，确保学生在学习、生活和思想等各方面都能得到有效的指导和支持。这种模式反映了高校对学生全面发展的重视和对教育与管理并重的实践探索。

4. 超部、处模式

随着高等教育体系的复杂性增强和高校管理需求的变化，一些高校开始尝试实施更为综合的管理模式。超部、处模式就是这样一种全新的管理模式。其主要特点是引入了更高层次的协调和指导机构，使得学生管理工作更具系统性和协同性。

校级：高校设立学生工作指导委员会或学生工作领导小组。这些部门通常具有较大的决策权和协调权，能够为学生行政管理制定整体策略、确定方向。

办公室：在学生工作指导委员会或学生工作领导小组之下，设学生工作办公室。学生工作办公室是学生行政管理的实际执行部门，具有协调、指挥各部、处实施学生行政管理和思想政治教育的双重职能。它能确保各部、处高效地实施学生行政管理策略和措施。

部、处级：各部、处在学生工作办公室的指导和协调下，继续履行其原有的职能。这意味着，虽然有了上层的指导和协调，但各部、处仍然保持其原有的操作独立性和职责特点。

系与各年级：这一层面的组织机构基本上没有发生重大的变化，仍然按照传统的模式进行工作，但在更高层次的指导和支持下，其工作可能更为高效和有针对性。

超部、处模式旨在在维持原有部、处的独立性和特点的基础上，引入更高层次的指导和协调，确保学生行政管理工作的系统性、协同性和高效性。这种模式反映了高校在应对复杂的教育环境和管理挑战时对创新管理模式的探索和尝试。

上述各种模式有两个共同的特点：一是管理机构的组织形式均为直线职能参谋组织形式，二是分权管理加强。

高校学生行政管理体制随着时间的推移和高等教育的变革，具有了多种模式。这些模式不仅反映了高校的发展，也体现了高校对学生行政管理工作的重视和完善。

（六）高校学生思想品德教育管理体制

虽然各高校办学特点不同，但是总的来说，我国高校学生思想品德教育实行的是综合管理体制。这种管理体制主要由专职干部责任制、指导教师责任制、学生自我教育与管理制构成。

1. 专职干部责任制

（1）专职干部的配备。高校专职党团干部在学生思想品德教育管理中发挥着不可取代的作用。专职党团干部主要指担任党团职务，专门从事学生教育管理的干部，包括学生工作部（处）或宣传部、校团委的干部，各系主管学生工作的党总支（分党委）副书记、团总支（分团委）干部等。

专职干部一般按干部与学生人数之比为1∶150配备。不足150名学生的单位可根据实际工作情况考虑专职干部配备。专职干部在学校党委的领导下，由学校主管部门和各系党总支共同管理。专职干部除根据实际表现和工作需要晋升职务外，同时作为学生思想品德课教师在晋升专业职务方面享受与其他业务教师同等待遇。

（2）专职干部的职责。专职干部要开展学生思想与行为的调研，基于当前形势和学校实际，做出正确决策，确保学生思想政治教育和管理的整体性。具体而言，专职干部的主要职责如下：

①组织并协调党团教育、政治学习和日常思想教育活动。

②根据教育部要求，教授或辅导思想品德课，并组织相关教育内容的教学。

③指导年级主任、兼职辅导员和研究生政治导师，提供资源，总结工作，并评选优秀教育者。

④指导学生干部，重视学生干部培养，并为团组织、学生会提供教育管理指导。

⑤依赖年级主任、辅导员、研究生政治导师和学生干部执行学校的有关学生的决策，负责学生评价、派遣及其他任务。

（3）担任专职干部的条件。从事学生思想品德教育管理的干部必须具备以下条件：

①坚持四项基本原则，积极拥护、努力贯彻党的路线、方针、政策，在政治上同党中央保持一致，一般要求是中共党员。

②热心于思想工作，热爱、理解、熟悉学生，善于联系群众，作风正派，坚持原则，办事公正，严于律己，为人师表。

③具有一定的社会工作经历和组织管理能力、表达能力、调查研究能力，能独立开展工作。

④具有大学本科以上文化水平，业务成绩优良。

2. 指导教师责任制

（1）指导教师的遴选。除了日常教学，部分教师还要兼顾学生思想政治教育管理工作，如年级主任、辅导员（或班主任）、研究生政治导师。这些指导教师的职责范围可以按年级划分，如负责一、二年级的学生思想政治教育管理，或负责四个年级的学生思想政治教育管理。大年级（120人以上）应配备年级主任。小年级按专业或系配备指导教师。年级主任主要关注学生管理，也可以负责教学和研究。研究生政治导师与学生人数的比例为1∶40，待遇与其他导师相当。

指导教师由多部门联合管理。人事处管理指导教师的晋升和培训，宣传部负责指导教师的成长和交流，教师工作部门与指导教师的教学工作量、报酬相关，学生工作部门与系党总支负责对指导教师的指导和评估。

指导教师由教研室推荐，经系党总支、行政审核，得到学校批准后获得聘书。一般指导教师聘期为两年，可以连任。为确保指导教师工作的稳定性，非特殊情况不得随意更换指导教师。

（2）指导教师的职责。

①努力贯彻党的教育方针，对加强学生思想品德教育管理的目的、意义认识正确，严于律己，言传身教，引导学生全面发展。

②负责指导学生团支部、班委会开展各项有益的活动，负责组织本年级（或班）的政治学习、组织生活、班务会议，做好日常的思想品德教育管理工作，保证学校各项教育管理计划、措施、制度在基层贯彻落实。

③负责执行本年级（或班）学生的思想品德考核，评三好学生、奖学金、优秀学生干部，推荐免试研究生，对发展学生党员提出建议和意见。

④指导学生开展有关业务学习、课外科研、学术交流等活动。

（3）担任指导教师的条件。负责学生思想品德教育管理的指导教师应该具备以下条件：

①忠诚于教育事业，坚持四项基本原则，具备高尚的品德和正派的工作作风，能成为学生的楷模。

②具备良好的社会工作能力，有思想品德教育管理经验以及强烈的责任心。

③在学术上有一定造诣，教学效果出色，并在任职期间负责至少一门业务课的教学。

3.学生自我教育与管理制

在高校党委领导、专职干部和教师指导下，学生自我教育与管理制旨在通过学生干部在学生中推行各种教育管理制度。这些制度涵盖学生党团、学生会、学生社团、刊物、勤工俭学、社会实践及宿舍管理等，由学生团组织和学生会在专职干部指导下制定并执行、检查、修订。各系团总支和学生会可基于各系实际，在不违背总体原则的前提下适当调整教育管理制度，进一步完善学校制度。

（1）学生干部的职责。学生干部在高校既有服务职责，也承担一部分教育管理任务。他们在各自的工作岗位上应贯彻落实党的路线、方针和政策；在自己的职责范围内，应积极行使权力，弘扬正气，制止不正之风，及时批评不当行为；对于学生的思想品德考核、评价、入团、入党等事务，应向专职干部和指导教师提供建议。高校的相关部门在指导学生干部时，应尊重他们的意见，并充分利用其潜能，强化他们在教育管理中的重要作用。为了充分发掘学生的潜力，应避免学生干部兼任职务，并推行干部轮换制，这样可以使更多的学生获得实践经验。

（2）担任学生干部的条件。

①拥护党的路线、方针、政策，积极追求进步，并坚持德、智、体、美、劳的全面发展。

②热心于服务同学，工作认真，负责任，积极主动工作，作风正派，并在同学中有较高的威信。

③学习态度端正，勤奋刻苦，且学习成绩优秀。

④主要的学生干部，如校、系等的学生干部，应是所在班级的杰出学生。

⑤在分派工作时，应考虑到学生的个人兴趣和特长。

曾受到院系通报批评或更高级别处分的学生，或学习成绩不佳、存在不及格课程的学生，都不适合担任学生干部。

（3）学生干部的产生与调整。团支部及班委会以上的学生干部需要经全体或代表会议民主选举产生。新生初入学时，临时团支部和班委会由专职干部根据资料指定。第一学期末，再进行民主选举，之后每学年改选一次，连选连任亦可。

高校的相关部门（如广播台、学生会）的学生工作者，可通过选拔方式选聘，需要得到所在系专职干部和指导教师的同意后方可上任。

学生社团和实践活动的领导者由学生选举，并经学校或系团组织同意；在特殊情况下，也可由团组织或学生会指定。

学生干部的选举或调整必须获得相应党组织同意，并向上级组织汇报。学生干部选举或调整的所有程序必须遵循民主原则。禁止擅自更改或任免学生干部。

（4）学生干部的培养。

①定期培训：高校与校团委应定期为学生干部提供培训，培训涵盖理论学习、工作指导、经验交流、形势分析等，旨在提高学生干部的思想觉悟、工作能力及自我管理技巧。

②实地考察：高校在假期可组织学生干部赴边远地区、工厂、农村等进行考察，以加强其对社会实际的了解，培养其社会责任感，增加其社会经验。

③指导与放权：专职干部和指导教师应在工作中对学生干部提出高要求，为他们提供指导，同时给予他们足够的自主空间，避免过度指导或完全放任，确保学生干部在实践中不断学习和成长。

（5）学生干部的考核与奖惩。

对学生干部进行考核与奖惩，可考虑以下几个方面：

①工作记录。需要在学生考核中明确记录学生干部的社会工作成绩，在学生毕业后，确保用人单位能够全面了解毕业生的工作能力和实践经验。

②全面考评。学生干部的表现应纳入评定三好学生、评奖学金、入

团、入党等的评价指标，作为衡量学生综合能力的参考。

③鼓励与奖励。除评选三好学生外，学校每年应设立"优秀学生干部"称号，以此鼓励学生干部更加积极地投身于工作。

④考核机制。学生干部的工作表现主要由上级学生组织、专职干部和指导教师共同评估。

⑤奖惩措施。对于学生干部在职责中出现失误或不负责任的行为，应依据学校相关规定进行处理。若学生干部不适合继续担任职务，则应按照正式程序进行免职或除名。

第四节　高校学生管理工作内容

高校学生管理的重要原则是教育育人、管理育人、服务育人。根据这个原则，高校学生管理工作应包括以下内容。

一、积极探索管理的新方法、新途径

（一）管理理念与时俱进

在高校学生管理方面，管理理念应与时俱进，体现人性化和现代化。高校应当确保每一位学生都能够享受到优质、前沿的教育资源，更重要的是帮助他们提高自身的综合素质，使他们为将来步入社会打下坚实基础。高校管理者应坚持以学生为本的管理原则，在高校的每一个决策和行动中，都优先考虑学生的利益和需求；应与学生建立和谐、互信的关系；公正、科学地对待和管理学生，确保每一位学生都得到应有的关注、尊重和理解。高校管理者还应该重视学生对学校管理的反馈，特别是他们对学校的管理体制和管理方式的满意度。这不仅能确保学生的主体地位，还能增强学生对学校的归属感和情感联系。管理者必须时刻铭记：不应忽视学生的正常需求，要始终尊重和保障学生的基本权益。

（二）创新学生管理体制

随着高等教育的发展，高校学生管理体制需要创新。高校应结合当前实际，建立和完善学生管理制度，创新学生管理体制，有效应对新时代的管理挑战。首要的是，高校在创新学生管理体制时应秉持以人为本的理念，注重提高人才培养质量和高校的社会声誉。高校制定和实施学生管理制度必须公开、公正，以获得学生的尊重和信赖。面对复杂的学生管理环境，高校应确保学生管理制度的开放性和包容性，持续更新和完善学生管理制度。

（三）创新学生管理模式

为了实现学生管理目标，高校应持续推进管理模式的创新。在科技日益进步的背景下，科技的快速发展为高校学生管理提供了前所未有的机遇。利用新技术、新工具，尤其是利用云技术和网络平台，是创新高校学生管理模式的关键。技术驱动的管理模式可以缓解管理团队资源有限带来的压力。更重要的是，它能大幅降低教师的日常管理工作量，使他们有更多的时间去学习管理理念、丰富管理经验，从而提升其管理效果。此外，为了使学生管理更为高效和具有针对性，高校管理者还应丰富自身的教育知识，探索更多的教育渠道，参加技能培训，从而使学生管理模式始终符合学生的需求，为他们的全面发展打下坚实的基础。

（四）营造良好的学生管理氛围，规范管理行为

高校的学生管理不仅是一项行政工作，也是涉及每一位学生成长和未来发展的关键工作。为了营造良好的学生管理氛围，高校应注重管理行为的规范化。高校的领导层应全面审视现有的学生管理模式，对其进行创新，营造和谐又不失规范与弹性的学生管理氛围。在此基础上，高校领导应当充分认识到学生管理的重要性，确保学生的学习和成长始终处于中心

位置，从而进一步提升学生管理的整体质量。除了常规的教学管理外，高校还应重视学生的身心健康教育和思想政治教育。在当今社会，学生往往面临各种压力和挑战，高校需要为他们提供足够的支持和指导。例如，高校可适时开展理想信念教育、励志成才教育、入学与毕业教育、星级宿舍建设、网络强化教育、学生思想动态监测等，以期收到较好的教育效果。总之，高校学生管理要确保学生的学术成就，关注学生的全面发展，这是每一所高校都应当努力追求的目标。

二、学生安全教育

（一）建立、完善学生安全教育课程体系

学生安全教育的重要性日益凸显。高校应确保学生安全教育深入人心，不仅要建立完整的学生安全教育课程体系，还要保证教育效果。具体而言，高校应以学生的身心特点为出发点，构建安全教育课程体系，实施课程，进行评价考核，让学生安全教育更规范、制度化。安全教育课程要符合高等教育的标准和要求。安全教育计划要细化，考虑学生的不同学习阶段、年级和时间，规定他们应掌握的安全知识。要真正达到安全教育的目的，除了完善课程体系，还要从课程内容、教学资源、师资和教学方法等多方面综合考虑，确保学生安全教育的实效性。要根据教学资源和时间的实际情况，科学选择安全教育内容。要系统、有计划地进行课堂教学，针对学生在不同阶段可能出现的问题，安排相应的实践活动。为了深入推进安全教育，高校应在网络、社团和宿舍等场所普及安全知识。另外，应加强校园安全教育的科技化、网络化，根据影响学生安全的因素，采用不同的安全教育方法，科学引导学生学习安全知识。安全教育课的期末考核与其他非专业课程一样，应纳入学生的综合评价体系。

（二）加强师资队伍建设

加强师资队伍建设对保证学生安全教育的良好效果至关重要。高校需要打造一个政治素质高、对当前热点问题有敏锐认识的专职安全教育团队。高校应对这个团队进行定期的业务培训，确保其掌握安全知识、网络技术及其他相关知识，使其能正确处理各种问题。

（三）建立、完善安全教育管理制度

为确保校园安全和学生安全，高校应建立并不断完善安全教育管理制度，以此作为校园安全防范体系的基础，激励学生积极参与校园安全建设，促进学生自我教育、自我管理。具体而言，高校要注重完善校园秩序管理，确保危险品的安全处理，加强生化实验室的规范管理，确保各类风险得到妥善控制；严格执行安全管理规章制度，使每一位学校成员都明确自己的安全责任。将安全责任明确到学校的每个人，可以确保每个学校成员都对安全问题保持高度警觉，并采取实际行动来预防潜在的风险。高校应鼓励学生积极地参与到学校的安全管理中，让他们在日常生活中遵守学校规章制度，增强他们的安全意识。高校通过安全教育和实践，可以使安全知识深入人心，构建真正的安全共同体。

在具体的安全教育管理过程中，高校管理者应依据当前社会治安形势，通过张贴标语、海报或在网络平台发出通告，警示学生提高安全意识。为了帮助学生掌握安全防范技能，高校可结合学生特点，举办校园安全月活动，积极营造校园安全文化，提高学生的安全意识和安全技能。高校还可创办与安全知识和防范技能有关的刊物，定期通过网络、电视、广播等媒介向学生宣传安全知识和防范技能等，调动他们自觉参与安全教育的积极性，增强他们的安全防范意识，提升他们的安全防范技能。高校也可以任命学生信息员，例如，让他们担任楼层或班级的安全代表。他们负责监督同学的安全行为，及时了解班级动态，并与学校管理层保持沟通，共同维护校园的安全与稳定。

三、加强学生管理队伍建设

高校应进一步加强学生管理队伍建设，为学生管理工作提供有力的保障。

（一）增强辅导员的归属感

辅导员工作在第一线，面对种种挑战和压力。高校对他们的关心和支持显得尤为重要。高校增强辅导员的归属感，不仅能帮助他们更好地投入工作，也能在某种程度上提升学生管理工作的效果。为此，高校应关注辅导员的工作，对辅导员的工作进行适当指导。例如，刚刚加入辅导员队伍的年轻人如何快速融入学校、如何处理学生管理工作中的实际问题等，都是高校应该关注的问题。高校可以定期组织辅导员座谈会，为他们提供交流和学习的平台。为辅导员提供人文关怀也是增强辅导员归属感的一个途径。高校管理者应关心辅导员的身体健康状况、家庭生活等，给予他们更多的温暖和支持。这可以帮助辅导员更好地面对工作中的压力，使他们能更顺利地工作、提高工作效率。高校管理者还应该与人事部门和其他相关部门密切合作，为辅导员的职业发展提供全方位的支持。例如，高校可为辅导员提供专业培训机会，开设职业规划课程，为他们提供晋升机会，等等。高校只有确保辅导员在职业上能够不断发展，才能确保他们始终保持对工作的热情和动力。

（二）竞争激励与优秀人才表彰

竞争激励与优秀人才表彰在激发员工潜能、提高团队绩效中起到了至关重要的作用。在教育领域，正向的竞争氛围可以激发辅导员的工作热情，使他们更有决心超越自己、服务好每一个学生。高校应设立明确、公平、透明的评价标准，对辅导员的日常工作、创新实践、学生反馈等进行全面评价。这种评价机制不仅关注辅导员的业务能力，也重视其对学生的影响和贡献，鼓励辅导员与学生深入沟通、了解学生的真实需求。高校可在每季度、每学期或每学年评选出"最佳辅导员""优秀辅导团队"等，以此鼓励辅导员积极参与学生管理、主动进步。这些优秀的辅导员和团队不仅可以获得物质奖励，也会在学校获得公开的表彰。另外，高校还可以为表现优秀的辅导员提供进一步的培训机会，帮助他们拓宽知识面、提高综合素质。这种培训可以是国内的，也可以是国外的，目的是让辅导员在专业上持续进步，给学校带来更多的创新活力。高校也可以定期组织辅导员交流活动，让获奖的辅导员分享他们的经验和故事，使更多的辅导员受益。这种交流活动不仅有助于辅导员相互学习工作经验，也能在辅导员中营造正向的竞争氛围。

（三）培养高能力的学生干部队伍

培养高能力的学生干部队伍对提高学校的学生管理工作效率、建立和谐的学生关系和锻炼学生的领导能力都有至关重要的意义。高校需要采取一系列措施，确保学生干部队伍的高质量和高效能。为此，高校需要做好以下工作：

高校选拔学生干部不仅要看其学术成绩，也要注重其组织协调能力、团队合作精神和解决问题的能力等。选拔学生干部的过程应透明公开，保证真正有能力的学生能够担任干部职务。新上任的学生干部应接受系统的培训，如学习学生工作的基本理念、参加领导才能的培训、学习团队协作技巧和事件处理方法等。此外，高校应根据学生干部的实际情况，定期对他们进行进阶培训；为学生干部提供丰富的实践机会，如让学生干部组织大型活动、处理学生纠纷、参与学校决策等，让他们在实践中锻炼和成长；为每位学生干部分配一名有经验的教师或辅导员作为导师，定期对学生干部进行指导和评价反馈，帮助学生干部快速成长；鼓励学生干部与其他学校的学生干部进行交流、分享经验与做法，使他们共同学习和进步；对于工作出色的学生干部，应给予适当的奖励和表彰，激励他们持续努力；为学生干部创设良好的成长环境，使其能获得更多的学习、实践和发展机会；定期听取其他学生对学生干部的评价反馈，及时调整学生干部的工作方法和策略，确保学生干部的工作高效率，具有良好的效果。

总之，高校通过完善学生干部选拔机制、提供培训机会、给予实践机会、进行导师指导、鼓励交流，结合激励与表彰、反馈与调整，为学生干部创设良好的发展环境，可以培养一支高能力的学生干部队伍，为学生管理工作提供有力的支持。

四、加强学风建设，促进学生成长

（一）积极开展争先创优活动

积极开展争先创优活动，对于营造校园学习氛围、培养学生积极向上的精神面貌和激励学生追求卓越至关重要。对于每一位学生来说，接受正面的表彰和奖励都是对其努力和成就的肯定，也是鼓励他们未来持续发展、进一步创新的动力来源。为了使表彰和奖励更具实效，高校应做好以下工作：

1. 完善评价标准

高校应确保学生评价体系的公正性、客观性和全面性。在评价学生方面，除了关注学生的学术成绩，高校还应该考虑学生的创新能力、团队合作能力、领导能力以及社会责任感等多方面因素。

2. 广泛宣传

高校可以利用校园广播、布告栏、学校网站等，广泛宣传学生获奖信息，展示先进集体和先进个人的先进事迹，使之成为鼓舞其他学生的典范。

3.设立多级奖励

除了国家奖学金、国家励志奖学金和省级奖学金，高校可以设立学校的奖学金或奖励机制，以奖励更多的学生，鼓励更多学生积极进步和发展。

4.及时反馈

对于参与评选但未获得奖励的学生，高校应为他们提供反馈意见，指导其改进，促进其进步。

除了现有的评比奖项，高校还可根据学生的实际需求和特点，增加其他评比项目，如最佳科研团队、最具社会责任感学生等，以满足不同类型学生的成长需求。高校管理者应认识到评比不仅是为了奖励学生，也能通过争先创优的过程，培养学生的自主学习能力、团队合作精神和社会责任感。

（二）养成教育

学风建设是学校文化建设的重要组成部分，不仅涉及学生学业发展，也涉及学生的日常行为习惯养成和价值观培养。优良的学风不仅体现在学术追求上，也体现在日常生活中的文明、尊重和责任感上。

学生会作为高校内部的学生组织，可以在培养学生良好行为习惯方面发挥重要作用。学生会可以通过组织主题教育，如"文明校园行""健康生活方式宣传周"等，引导学生形成文明、健康的生活方式。这些活动可以通过演讲、海报、短视频等形式，让学生更加直观、生动地了解什么是文明行为和健康生活方式。针对校园中出现的不文明行为，学生会可以配合学校管理部门，进行查处并加以教育。这不仅是对不文明行为的制止，也是对学生的教育，让学生明白自己的行为是如何影响他人和整个校园环境的。学生会还可以开展各种日常习惯的培养活动。例如，学生会可以组织"早起挑战赛",鼓励学生养成早起的习惯;组织"零食限制月"活动,引导学生减少零食、养成健康饮食的习惯。良好行为习惯的养成不是一蹴而就的,需要学生长时间坚持,需要学校持续进行养成教育。一旦学生养成了良好的行为习惯,这些良好习惯就会伴随他们一生,使他们在未来的人生道路上受益匪浅。

(三)诚信教育与诚信评价

诚信作为社会基石和人与人之间的信任桥梁,对于个体尤其是学生来说,具有无可替代的价值。诚信既是一种个人品质,也是一种社会风尚。在高校,诚信教育应该得到充分重视,并深入学生的日常学习、生活中。为此,高校应对学生诚信评价制度进行完善,确保评价的客观性、公正性和公平性。学生的诚信不仅包括学业的诚信,如不抄袭、不剽窃等,也包括日常生活中的诚实、守约等。未经允许而私自使用他人物品或者没有如实汇报实验数据等行为,都应纳入诚信评价范围。学生诚信评价应当纳入学生综合测评中,与学业成绩、社会实践评价、团体活动评价等一同构成对学生的全面评价。通过这样的方式,高校可以进一步强调诚信的重要性,让学生明白,诚信不仅仅是一种道德要求,也是他们必须具备的品质。高校可以通过加强监考培训,引入现代技术、设备,如电子监控,确保考试的公平、公正。同时,对于违反考纪的学生,高校应当给予严格的处罚,确保每一个学生都能在公平、公正的环境中展示自己的真实水平。

(四)培养学生良好的生活态度

高校可利用校内的各种传媒资源,如校园电视台、广播站、学生报纸、社交媒体等,推广正面的新闻、故事、影片等内容,营造积极向上的校园氛围,使学生形成积极、健康、向上的生活态度,从而使他们为未来的人生打下坚实的基础。

第五节　高校学生管理策略

高校学生管理工作人员应关注学生的身心健康、学业水平、思想和能力，了解学生的特点，不断探索新的学生管理策略，以适应时代的需求。

一、以人为本的学生管理

高校学生即将进入社会，开启职业生涯。高校的学生管理对他们的未来产生深远影响。高校管理者应秉持以人为本的理念，对学生进行管理。

（一）以人为本理念在高校学生管理工作中的重要性

1. 有利于人才培养

随着教育的发展，高校学生管理方法和学生管理模式也不断发展，以满足当代大学生的需求。高校采纳以人为本的管理理念，实施以人为本的管理模式，可以为学生创造良好的环境，有利于他们的成长。以人为本的学生管理模式强调对学生个性的尊重，强调更为人性化的引导和服务，进而促进学生的全面发展。

2. 有利于提升管理效果

以人为本的管理理念关注学生的长远发展。为了更好地满足学生需求，真正实践以人为本的理念，高校管理者需要更新和丰富管理策略，关注学生的实际需求和成长，引导学生积极参与管理活动，从而提升管理的实际效果，支持学生的长远发展。

（二）以人为本理念对高校学生管理的启示

1. 了解学生的个性化需求

每个学生都是独立的个体，都有各自的经历、兴趣和目标。为了有效地管理学生，管理者应了解并尊重学生的个性化需求。这不仅有助于提高管理效率，还能促进学生的自主发展。

2. 利用技术手段进行管理

在当今数字化时代，利用技术手段进行学生管理尤为重要。管理者利用数字化手段，可以更加准确、迅速地获取学生的信息，从而为管理决策提供有力的支持。技术手段还可以帮助管理者与学生建立更紧密的联系，促进双方的沟通与交流。

3. 鼓励学生自我管理

在以人为本的理念下，学生不仅是管理的对象，还应该是管理的主体。学生应该有权参与到与自己相关的管理决策中，还应该被鼓励进行自我管理。这样，高校不仅能够增强学生的自主性和责任感，还能为他们的未来发展打下坚实的基础。

4. 强调服务与支持

高校管理者的职责不仅包括对学生进行管理和指导，也包括为学生提供服务和支持。高校管理者应该主动关心学生的需求和困难，为他们提供必要的帮助和资源，只有这样，才能使学生在校园里得到充分发展和成长。

5. 注重反馈与持续改进

为了确保以人为本的管理理念得到有效实施，高校管理者应该定期获取学生的反馈信息，并据此进行管理策略的调整和优化。这样，高校管理者不仅能够确保管理工作的针对性和有效性，还能与学生建立互信的关系。

总之，高校管理者应秉持以人为本的管理理念，不断反思和更新自己的管理方法，以确保学生能够在良好的环境中成长和发展。

（三）人本高校学生管理的基本措施

1. 牢固树立服务意识

以学生为中心，为学生服务，是当代高等教育的核心理念。高校管理者应成为学生的指导者、关心者和服务者；应该对学生持有平等和诚信的态度，并与学生建立良好的关系，从而真正实现"管理即服务"，这样才能真正服务学生。

2. 优化校园环境，打造人本主义的校园环境

校园环境对学生的成长有深远的影响。校园环境包括硬件设施、设备，如建筑、仪器等，也包括软件环境，如校园文化、学术风气等。在硬件方面，高校不仅要追求校园设施的美观，还要注重其实用性。高校应当及时更新设备，确保学生学习顺利进行。在软件环境建设方面，大学精神是核心，指导着整个学校的运行。同时，校风、学风和道德也很重要。高校应该为学生创造良好的学习和成长环境，让他们在学校得到全面发展。

3. 提高学生自我管理能力

提高学生的内在素质和自我管理能力是学生管理工作的关键。自我管理不仅仅是学生自己管理自己，也包括学生间的相互监督和管理。高校的教育目标之一是使学生成为独立思考、有个性的人，使学生能够应对社会的各种挑战。因此，鼓励学生自我管理、提高学生的自我管理能力显得

尤为重要。高校管理者应该充分锻炼和发挥学生的自我管理能力，这样不仅可以促进学生发展，还可以提高管理工作效率。通过学生管理学生的方式，学生间的互助和沟通会更加有效，这有利于学生共同进步。

二、实现学生管理的制度化

学生管理制度建设是提高学生管理效率和确保其公正性、科学性的关键。随着我国社会的进步和法治的完善，高校学生管理也应紧跟时代发展，实现规范化、制度化。在学生管理制度化方面，有三点必须注意：

（一）加强学生管理制度建设

管理行为应基于明确、公正、合理的管理制度。学生管理制度可以为管理者提供清晰的指导，还可以确保每一个学生都被公正地对待，避免管理者的主观臆断影响管理决策。高校应加强学生管理制度建设，调查研究现行管理制度实施情况，并听取学生的反馈意见，不断完善学生管理制度。

（二）要使学生管理制度具有一定的弹性

学生管理制度不应是一套固定的规则，而应当具有足够的弹性，能够适应学生的个体差异和特点。

（三）对现有的学生管理制度进行检视和优化

基于对学生的广泛调研，高校应该定期评估并修订那些不再适应时代发展、不符合学生特点的规章制度。高校这样持续改进、优化学生管理制度，可以确保学生管理制度始终与时俱进，更好地服务于学生和学校的整体发展。

为确保学生管理工作的制度化、规范化，高校应始终保持对学生管理制度的重视，以此为基础，推动学生管理工作的持续进步。

三、深入学生实际，了解学生

学生管理的核心是学生。要使管理措施更具针对性和效果，管理者应深入了解学生的真实想法和需求。管理者应深入学生实际，了解学生，以此来调整和完善管理策略。

（一）开展新生入学调研

新生刚刚步入大学校园，充满好奇和期待，但也可能感到迷茫和不安。负责学生管理工作的管理者可以通过组织新生座谈会，了解他们对大学生活的期望，了解他们的困惑和需求，从而为他们提供有针对性的引导和帮助。

（二）倾听老生返校的心声

每当寒暑假后，学生带着假期的收获和经历返回学校。这时，管理者可通过访谈或问卷调查方式，了解他们在假期中的所思所感以及对新学期的期望，帮助学校为他们提供更贴心的服务和支持。

（三）进行特殊日子的观察

例如，毕业季，学生面临职业选择的压力，也可能感到对大学生活的不舍。管理者可以在这段时间里加强对学生的辅导，为他们提供就业指导，帮助他们平稳过渡到下一个人生阶段。

（四）收集各种校园活动的反馈信息

无论是学术论坛、体育比赛还是文艺晚会，都能为学生提供展示自我、锻炼能力的机会。通过观察这些活动和收集活动反馈信息，管理者可以更好地了解学生的兴趣和需求，进一步优化活动内容和形式。

总之，高校管理者要真正了解学生，就要主动深入学生实际，采用多种方式进行细致调研，确保管理工作与学生的真实需求和期望相匹配，从而增强管理的实效性。

四、紧跟时代步伐，促进学生管理工作的现代化

在信息化、网络化的今天，学生管理工作面临新的挑战和机遇。为了适应时代发展，高校管理者应创新管理方法，实现管理工作的现代化，从而更为高效和准确地进行学生管理。

（一）数据管理

将信息技术引入学生管理是时代的要求。例如，高校管理者可将学生的课程、考勤、成绩和行为记录信息统一输入电脑系统中，从而方便进行统一管理和查询。

（二）利用在线资源

网络中蕴含着丰富的资源，如其他高校的管理经验、学生管理的新方法等。管理者可以在网络中寻找和应用这些资源，为自己的管理工作提供新的视角和思路。

（三）利用现代通信工具

QQ、微信、微博、抖音、电子邮箱、在线论坛和短信，为人们提供了快捷、方便的沟通渠道。高校管理者、辅导员（或班主任）可以通过QQ或电子邮箱发送通知、任务或反馈信息。学生可以利用这些工具进行学习交流。

学生管理工作的现代化不仅仅是技术上的升级，更重要的是思想和理念的更新。高校管理者应把握住时代发展的脉搏，确保学生管理工作始终走在时代前列。

五、更新观念，提高学生的主动性

在现代教育观念中，学生被视为独立的个体，他们的需求、兴趣和发展都应该得到足够的重视和支持。高校管理者应注重更新管理观念，在管理工作中真正以学生为主体，注意提高学生的主动性。

（一）预防和干预

旧的管理模式往往集中于对违规行为的后续处理。而新的管理观念强调的是预防和干预。管理者需要主动发现和解决问题，而不是等待问题出现后再应对。

（二）管理与服务

管理的目的不仅仅是维持秩序，更重要的是为学生提供有利于他们成长的环境。管理者要积极为学生服务，为学生创造良好的学习条件，帮助他们实现他们的目标。

（三）沟通与理解

学生管理成功与否在很大程度上取决于管理者与学生之间的沟通。只有深入了解学生的真实想法和需求，管理者才能采取合适的管理措施。例如，管理者可定期举办学生座谈会，或者设立学生反馈机制，加强与学生的沟通。

（四）尊重与平等

每一位学生都是独特的。他们有着各自的才华、兴趣和梦想。管理者应该公平地对待每一位学生，尊重他们的选择，支持他们的发展。

总之，更新学生管理观念并非一蹴而就的事情。管理者需要不断学习、实践和反思。管理者应始终坚持以人为本的原则，持续改进学生管理工作。

六、寓教于乐

随着教育方法的不断创新，越来越多的教育者认识到，寓教于乐可以有效地激发学生的兴趣，调动他们的学习积极性。

（一）营造校园文化氛围

高校管理者应努力营造积极、开放和包容的校园文化环境，让学生在轻松愉快的氛围中接受教育。例如，管理者可以组织各种文化艺术活动，如文化艺术节、四季联欢会等，让学生在参与活动中感受到艺术的魅力。

（二）将活动与教育相结合

管理者通过组织各种活动，如高水平的辩论赛、社团的文化活动等，丰富学生的业余生活，提高他们的综合素质，培养他们的团队合作精神和文明行为。

（三）强化集体感

在学校组织的活动中，学生可以感受到集体的力量。这有助于增强他们的集体意识，也使得德育工作更加具体化、实际化。德育不仅仅是口头上的宣传和教育。

（四）创新与改革

时代在发展，学生的需求也在不断变化。高校管理者应该善于捕捉这些变化，创新管理方法，以满足学生的新需求。管理者需要不断学习、研究和实践，创新和改革管理工作，确保学生管理工作始终具有时代性和先进性。

寓教于乐不仅是一种教育方法，也是一种教育理念。管理者真正把学生的需求放在第一位，寓教于乐，激发学生的兴趣，能有效地提升学生的学习效果，为学校的长远发展打下坚实的基础。

第四章　高校学生管理评价与优化

第一节　高校学生管理评价体系构建

一、高校学生管理评价体系的含义

高校学生管理评价体系是一个旨在衡量高校学生管理效果的体系。其不是简单的评分标准，而是一个完整的流程，包括设定目标、收集信息、评价和反馈。高校学生管理评价体系基于预设的目标，这些目标通常与学生的德、智、体、美、劳等方面的全面发展有关。高校学生管理评价体系具有系统性，评价不是零散的，而是通过系统化的方法收集信息。高校学生管理评价体系还具有客观性，评价者尽量确保评价的结果是公正的，避免主观情感的影响。

二、高校学生管理评价体系的作用

第一，明确评价标准：帮助大家了解什么是优质的学生管理工作。

第二，识别工作差距：找出存在的问题，确切知道需要在哪些方面进行改进。

第三，发现自身优势：了解自己或学校的优势，进一步发挥优势。

第四，确保办学方向正确：确保学校在正确的方向上努力，提高教育质量。

第五，发挥激励作用：评价的结果可以调动学生、教师和管理者的积极性，促使他们努力学习和工作。

高校学生管理评价体系对确保学校教育和管理工作的质量至关重要。通过这种体系，高校管理者可以更好地了解自己在学生管理工作中的表现，从而对学生管理工作做出相应的调整和改进。

三、高校学生管理评价体系构建的意义

高校致力培养符合社会发展需求的人才。为此，高校应创新学生管理，以适应社会发展需求，满足学生需求。为确保管理创新的成效，高校应构建学生管理评价体系。构建学生管理评价体系的深远意义可概括如下：

（一）对学生成长的意义

学生是高校管理的核心对象。他们既是被管理者，也是管理的参与者。他们和管理者共同追求优质的管理。成功的管理源于管理者和被管理者的合作，双方合作，能充分发挥各自的能力。构建学生管理评价体系，对管理者和被管理者都提出了明确的要求，有利于双方合作，共同达到管理目标。学生管理评价体系也为学生指明了成长方向，为他们的未来提供了明确的指引。学生管理评价体系对管理者提出了更高的要求，管理者要注重促进学生全面、健康地成长。

（二）对管理者的意义

学生管理评价体系鼓励管理者不断提高自己的专业素质，从而更好

地培养学生。管理者的目标是培养学生多个方面的素养，如做人、求知、审美、劳动等方面的素养，使他们成为有用之才。为了实现这些目标，管理者需要持续提高自身的专业能力，丰富实践经验。

（三）对学生工作的意义

学生管理评价体系对学生工作提出了更高的要求，使学生工作更为专业化。学生工作不仅仅是事务性任务，它还有内在规律和发展方向。学生工作需要在多个方面创新，如树立新理念、采用新方法。学生工作应具有专业性。

（四）对高校发展的意义

通过学生管理评价体系，学生管理变得更加规范、科学和有效。学生管理在高校的教学、科研和社会服务等方面起着重要作用，如通过规章制度和思想教育树立良好的学风、教风。学生管理评价体系鼓励学生参与科研和社会实践，不仅有利于提高学生的能力，也有利于提高学校的社会声誉，从而推动学校整体发展。

总之，高校学生管理评价体系不仅有助于学生的全面发展，也能促进管理者的专业成长，并对整个学校的持续发展起到推动作用。

四、高校学生管理评价体系构建的原则

为了确保高校学生管理评价体系的科学性、规范性和实效性，高校管理者构建学生管理评价体系时需要遵循一系列的原则。

（一）可行性原则

学生管理评价体系应具有可行性。学生管理评价体系易于实施和操作，才有实际的意义。评价指标和方法不仅要科学，还要实用，可以在实际评价中得到应用。

（二）系统性原则

学生管理评价体系应具有系统性。在一个系统中，每个部分都相互作用，共同为达到系统的总体目标服务。在构建学生管理评价体系时，管理者应考虑每个评价指标如何与其他指标相互关联，以及这些指标如何共同服务于整体的评价目标。同时，每个评价指标既是一个独立的单元，又是整个评价系统的一部分。

（三）标准化原则

为确保评价的公正性、科学性，高校需要制定统一的评价标准，采用统一的技术方法和数据处理程序。学生管理评价体系的标准化能确保评价过程的统一性，让不同的管理者或部门能够根据相同的标准进行评价。

（四）实用性原则

学生管理评价体系应基于学生管理的实际需求。高校选取的评价指标要反映学生管理的核心和基本要素。此外，评价结果应能直接反馈到学生管理工作中，为工作的改进提供实际指导。

（五）优化性原则

学生管理评价体系的构建要追求最佳方案，即在满足所有约束条件的前提下，达到最佳的评价效果。高校应把握好学生管理评价体系的各层次，确保每个层次都能达到最佳状态，从而提高整个评价体系的效能。

总之，高校构建学生管理评价体系需要综合考虑多种原则，确保其既有系统性、标准化，又具有实用性和优化性，从而更好地为学生管理提供有力支持。

五、高校学生管理评价体系构建的步骤

构建高校学生管理评价体系主要分为八个步骤，前四个步骤是准备阶段的步骤，后四个步骤是实施阶段的步骤。

（一）准备阶段的四个步骤

1. 明确评价目标

明确评价的意义、任务、要求和目标，确保评价方向明确，避免实践中出现偏差。

2. 构建评价指标体系

在评价目标确定后，整理资料，并利用头脑风暴法考虑各种内在因素，分析学生教育和管理的问题，进而将评价目标分解，构建评价指标体系。

3. 咨询

广泛征求专家和教育工作者对初拟评价指标的意见，并对评价指标的科学性、合理性、可行性等进行评估。此步骤可以重复进行，以确保评估的质量。

4. 修正评价指标体系

基于收集的意见，修正评价指标体系，考虑从评价目标到评价指标的转化可能存在的复杂性和难度，利用定量方法和定性方法来构建评价体系。

（二）实施阶段的四个步骤

1. 收集信息

基于已确定的评价指标体系和评价方案，收集必要的信息。

2. 整理和分析信息

分类整理和分析收集到的信息。

3. 给出评价

基于收集和分析的信息，进行实地调查和研究，最终给出评价。

4. 提出问题和建议

完成评价报告，明确评价的目的是改进高校学生教育和管理工作，而不仅仅是给出评价或排名。

第二节　高校学生管理评价的实施

一、评价原则

（一）全面性原则

不仅注重学生的科学文化素质评价，还要强调学生的基础发展的评价。要从德、智、体、美、劳等方面对学生的发展进行综合评价，纠正仅依赖文化课考试成绩来评价学生的做法。

（二）形成性评价与终结性评价相结合原则

评价应既重视学生的最终成果，也关注他们的发展过程。每个学期的评价应注重学生的整体表现和发展。毕业评价要注重学生在各个学期的表现和进步。

（三）定性评价和定量评价相结合原则

学生的学习过程评价是非学业性的，仅仅依赖定量评价（如分数或等级评价）是不够的。应利用成长记录袋等工具进行综合分析，以得到科学、准确的评价结果。

（四）日常表现和标志性发展结合的原则

评价应注重学生取得的标志性成果，并关注学生在日常发展中的道德、价值观、学习态度以及创新能力等。

（五）以评价促发展的原则

高校学生管理评价的核心目的是促进学生的发展。评价不仅注重了解学生的过去和现在，也指向未来，帮助学生增强自信心，使学生发现自己的优势和不足，促进学生成长。

（六）诚信、公正、公开的原则

评价应实事求是，具有公正性、公开性和真实性，帮助学生正确认识自己并确定发展目标。

二、评价体系

高校学生管理评价体系主要由综合素质评价和考试成绩两个方面组成。

（一）综合素质评价

综合素质由公民道德与素养、学习态度与能力、实践与创新、运动与健康、审美与表现五个部分组成。

1. 公民道德与素养

此部分评价主要关注学生对国家和社会的情感与态度，以及他们的道德行为和公民责任。

2. 学习态度与能力

此部分评价关注学生的学习意愿、态度、方法和效果，以及他们的问题解决能力和创新能力。

3. 实践与创新

此部分评价关注学生的社会实践活动、学习方法、创新思维和实验技能。

4. 运动与健康

此部分评价关注学生的体育锻炼习惯、运动技能、参与体育活动的态度、健康意识和生活方式。

5. 审美与表现

此部分评价关注学生的审美观、在参加审美活动时的表现。

（二）考试成绩

考试成绩主要由学生的学科课程成绩和专业水平测试成绩组成。

（三）具体评价细则

1. 公民道德与素养评价细则

爱祖国，爱人民，爱劳动，爱科学，爱社会主义；遵守学校纪律、社会公德和国家法律；积极参与公益活动，保护环境和珍惜资源；尊敬师长，关心同学，具有团队精神；诚实、守信，举止文明，并养成良好的生活习惯。

2. 学习态度与能力评价细则

具有学习愿望和兴趣；保持积极的学习态度，认真完成学习任务；能运用多种学习方法，并进行学习反思；有独立分析和解决问题的能力；具备初步的研究能力与创新能力。

3. 实践与创新评价细则

积极参与社会实践并取得良好效果；探索学习方法，提高学习能力；有创新意识，敢于尝试新事物；对实验课程认真对待，具备良好的动手能力。

4. 运动与健康评价细则

热爱体育运动，并养成体育锻炼习惯；掌握基本运动技能，积极参与学校组织的体育活动；有健康意识，注重健身，保持健康的生活方式。

5. 审美与表现评价细则

尊重并欣赏多元文化，具备从多种角度审美的能力；能够深入理解人的思想和情感的多样性，对生活的细节和品质有较高的鉴赏力，对艺术作品背后的意图和文化背景有深入的认识。

通过上述评价体系，高校可以全面了解学生的成长和发展情况，为学生提供有针对性的指导和帮助。

三、评价工具设计原则和注意事项

（一）高校学生管理评价工具设计原则

1. 导向性原则

评价工具应明确反映学生管理发展的方向和目标。评价工具不仅要用于评价学生当前的能力水平，还要为教师和家长提供对学生未来发展趋势的预估。评价工具应该能够引导学生朝着综合素质的全面提升方向发展。

2. 全面性原则

设计评价工具时，需要全面考虑学生各个方面的能力和素质，如知识、社会情感、创新能力、领导力等。评价工具应当能综合衡量学生对这些因素的识别和应用程度，以得到全面的评价结果。

3. 客观性原则

设计评价工具时，应尽量减少主观性的干扰，使评价结果更加客观。这可以通过明确的评价指标和量化的标准来实现。同时，需要明确规定评价者的角色和立场，以确保评价过程的客观性。

4. 综合性原则

评价者利用评价工具，可从多个维度对学生能力进行评价。评价者不仅要考查学生在特定情境下的能力，还要关注学生的思维、知识和行为等。通过对学生进行综合考查，评价者可以全面地了解学生的发展情况。

5. 可操作性原则

评价工具应简单、易操作，避免评价工作的冗杂与疑难，使评价更为容易。

6. 发展性原则

坚持以发展的眼光来衡量学生，与时俱进，使评价工具符合学生的实际情况。

（二）高校学生管理评价工具设计注意事项

1. 有明确的评价维度和指标

评价工具应明确界定学生能力的不同维度，如社会情感、创新能力、领导力等，并为每个维度设置具体的评价指标。

2. 有量化标准

每个指标都应有明确的量化标准，以使评价者能够根据客观事实进行评价，避免主观因素的影响。

3. 引入多元参与者

应在评价过程中引入多元的参与者，如教师、学生、家长等，以获得全面的反馈和意见，也可以增强评价的客观性。

4. 建立周期性评估机制

可在评价工具中建立定期评估机制，以及时了解学生的发展趋势，及时对学生进行指导。

总之，高校学生管理评价工具应能反映学生在不同维度的发展情况，为其综合素质的提升提供有益的指导。

四、评价办法

（一）评价频率

每学期进行一次对学生的评价。

（二）评价内容

评价内容包括学生的发展情况、一学期的成长表现。综合学生自评、学生互评、辅导员（或班主任）评价和任课教师评价的结果对学生单项发展做出终结性评价。

（三）评价方法

学期末评价信息记录在学生评价记录手册上。成长记录还应具备实证性资料，要客观、公正、个性化，能够促进学生全面发展。

（四）评价主体与评价方式

（1）学生自评：学生依据自己的成长记录，描述和分析各方面的表现、感悟，评定等级。在学生自评之前，学校要向学生说明评价的意义、方法及注意事项，提出具体要求。

（2）学生互评：评价标准根据优秀、良好、合格和不合格的百分比分布来确定。

（3）辅导员（或班主任）评价：辅导员（班主任）观察学生的日常表现，对学生进行等级评价。

（4）任课教师评价：由所有任课教师组成的评价小组根据对学生的观察、了解，对学生的发展做出等级评价。

教师进行写实性评价时，要使用激励性的语言，客观描述学生的进步、潜能以及不足，制订明确、简要的改进计划，指导学生今后的发展。

教师要在学生完成本学期学业时，根据学生成长情况，对学生发展做出终结性评价。

五、评价的实施

高等教育水平标志着一个国家的发展水平和发展潜力。为了发展具有中国特色且达到国际水平的高等教育，应充分发挥教育评价的作用。高校应将立德树人的成效作为教育评价的根本标准，以培养德才兼备的人才为目标，强调德育的重要性，使学生全面发展。高校应完善学生管理评价体系，不仅要注重学生的学术成绩，还要注重学生德、智、体、美、劳等多方面的发展。这样的评价体系鼓励学生在各个领域展现个性和才能，有利于使学生实现全面而个性化的成长。

（一）坚持立德树人的评价标准

在高校学生管理评价中，坚持立德树人的评价标准至关重要。高校需要不断推进高水平人才培养体系建设，将立德树人理念贯穿思想道德教育、文化知识教育以及社会实践。为此，高校应紧密围绕立德树人，构建学科体系、教材体系、教学体系、管理体系等，特别关注思想政治教育工作的创新、特色和成效，全面贯彻党的教育方针，将思想政治教育工作贯穿教育教学全过程，推动"三全育人"综合改革。高校在学生管理评价中应关注学生的爱国情怀、社会责任感、创新精神和实践能力等，注重促进学生综合素质的提升，使他们成为肩负民族复兴使命的新时代人才。

（二）遵循以人为本的评价原则

高校在实施学生管理评价时，应遵循以人为本的原则。高校应以学生的成长和发展为中心、结合时代需求和社会进步的现实情况来构建评价指标体系。高校学生管理评价应强调从学生个体出发，关注每位学生的全面发展。评价者应当充分考虑学生在思想、品德、知识、能力和实践等方面的成长，关注他们在不同领域的发展。这有助于培养出具有社会责任感、创新精神和实际能力的人才，使学生能够适应社会需求。评价者在实施学生管理评价时，还应根据社会和产业发展的趋势，灵活调整评价体系和评价标准。这有助于使评价具有有效性和针对性，使评价成为引导教育持续发展的有效工具。

（三）构建客观、全面的评价指标体系

构建客观、全面的评价指标体系是确保高校学生管理评价客观、全面的关键。以下是五个一级评价指标，以及各个一级评价指标中的若干个二级评价指标。

1. 德育评价指标

（1）习近平新时代中国特色社会主义思想在课程目标、教材中的体现情况。

（2）课程思政教学情况。

（3）红色基因融入教育全过程情况。

（4）社会主义核心价值观教育情况。

（5）爱国主义、集体主义、社会主义教育情况。

（6）历史教育情况。

（7）法治教育情况。

（8）校园文化建设情况。

（9）学生社会实践活动开展情况。

2. 学业评价指标

（1）学生中心、产出导向、持续改进理念贯彻情况。

（2）学生培养目标和全体毕业要求达成情况。

（3）学生学习成果。

（4）毕业生核心能力评价有效性。

（5）专业质量监控和持续提升机制建设情况。

3. 体育评价指标

（1）体育纳入人才培养方案情况。

（2）体育课程与创新人才培养结合情况。

（3）学生体育素质监测机制建设情况。

（4）《国家学生体质健康标准（2014年修订）》达成情况。

（5）教学改革、传统体育项目推广情况。

4. 美育评价指标

（1）社会主义核心价值观引领情况。

（2）美育纳入人才培养全过程情况。

（3）公共艺术课程设置和实施情况。

（4）学生文化主体意识增强情况。

5. 劳动教育评价指标

（1）劳动教育目标和课程设置情况。

（2）劳动素养评价制度建设情况。

（3）劳动技能和成果展示活动情况。

（4）实际劳动技能和价值体认考核情况。

高校通过设定一级评价指标和相应的二级评价指标，可以使学生管理评价具有全面性、可操作性，从而更好地促进教育发展和学生全面发展。

（四）灵活运用多样的评价方法

为确保高校学生管理评价的有效性，评价者需要灵活运用多样的评价方法。以下是不同维度评价的方法建议：

1. 德育评价

（1）信息化评价。利用互联网和信息技术，建立在线德育评价平台，让学生、家长、教师和社区参与评价，提供多元化的评价意见。

（2）案例分析。对学生在实际情境中的道德表现和行为进行案例分析，评价学生的价值观和品德。

2. 学业评价

（1）项目、论文评价。鼓励学生完成项目、研究论文等，考量项目、论文等的质量和创新性，评价学生的学术成就。

（2）学习日志。要求学生记录学习过程、心得体会和反思，从而评价学生的学习态度和自我管理能力。

3. 学术评审

让同龄学生或跨专业教师进行学术成果的评审，提高评价的客观性。

4. 体育评价

（1）综合测试。运用体育测评标准，对学生体能进行综合测试，评价学生的体质健康状况。

（2）课程表现。考查学生在体育课程中的参与程度、团队协作能力等。

（3）竞赛成绩。评价学生在体育竞赛中的表现，如个人能力和团队合作情况。

5. 美育评价

（1）艺术作品评价。鼓励学生创作艺术作品，如绘画作品、音乐作品、舞蹈作品等，对学生的艺术作品进行评价。

（2）公共艺术课程作业。评价学生在公共艺术课程中的作业和项目成果，反映学生的审美能力和文化素养。

6. 劳动教育评价

（1）实际劳动技能测试。对学生的实际劳动技能进行测试和评价，考查学生在实际劳动中的表现。

（2）生活技能评价。评价学生掌握的实用生活技能，如烹饪技能、维修技能等，反映其生活自理能力。

评价者综合运用这些评价方法，能够全面地评价学生的综合素质。这有利于高校促进教育发展，培养全面发展的新时代人才。

六、评价结果的运用

（1）高校可对学生进行等级评价。等级评价是学生综合评价的重要组成部分，应该和学生的学习成绩一起在学期末反馈给家长。每学期的等级评价结果要作为评优评先、奖励表彰的重要依据。高校在评选三好学生、优秀学生干部，推荐市级三好学生和优秀学生干部时，要将学生的等级评价结果作为重要依据。

（2）高校可以根据对学生的综合评价情况，评选各类个性化发展突出的优秀学生，让更多的学生体验成功、感受激励。

第三节 高校学生管理优化策略

在高校教育工作中,学生管理是一项至关重要的任务。在我国高等教育改革不断深化的背景下,高校不断探索学生管理工作的改革与创新,从而优化学生管理,适应当前的社会发展需求。

一、树立正确的学生管理观念

为了提升学生管理工作的有效性,高校管理者应树立正确的学生管理理念。高校管理者应从学生成长角度出发,强化服务意识,遵循以人为本的原则,为学生营造良好的学习环境和生活环境。高校管理者应重视以下三个方面的管理观念。

(一)服务观念

管理者在开展学生管理工作时,应以服务为核心,重视管理的服务功能。管理者应具备为学生服务的意识,要维护学生的权益,站在学生的角度思考问题,满足学生的实际需求。例如,为了满足学生的自主学习需求,高校管理者应注重学习资源的合理分配,确保教学和学习资源能满足学生的需求,为他们的自主学习提供有力支持。

(二)民主管理观念

学生是高校管理的核心对象。高校管理者应树立民主管理观念,确保每位学生得到平等对待,以公正的态度看待每个学生,听取学生的反馈意见,确保学生管理真正满足学生的实际需求。

（三）创新观念

高校管理者还应对学生管理工作进行适当创新，做到与时俱进，提高学生管理效率。例如，管理者应充分尊重每位学生的个性和发展需求，为每位学生提供个性化的指导和支持，推动学生在学术和生活等各方面取得更大的成果。

二、加强学生自我管理与自我教育

自我管理是学生通过学校统一指导，对自己进行有效管理。在高校学生管理中，学生自我管理与自我教育受到重视。高校学生自我管理不仅能减轻学校管理压力，还能推动学生更好地发展。在以人为本的高校学生管理模式下，管理者应充分关注学生的自我管理和自我教育，充分发挥学生的主观能动性，突出学生的主体地位，使学生对学校的管理产生真正的认同感。

三、学生管理体制的改革、创新

随着我国高等教育改革的推进，传统的学生管理体制已经难以满足当下的教育需求。为了更好地适应教育现代化，我国高校积极推行了学分制改革。这一改革不仅符合高等教育的整体发展趋势，也给学生管理工作带来了变革。学分制下的学生管理新体制更强调学生的主体性和自主性，旨在培养学生的批判性思维能力、创新能力和独立思考能力等，注重学生的综合素质的提高。这种学生管理体制使学生能够根据自己的兴趣和职业规划，选择合适的学习路径。学生管理新体制还加强了高校学生管理部门与其他部门、教学团队之间的协同合作，使教师和辅导员之间的联系更为紧密，使学科教学与思想政治教育更好地结合，有利于实现教育目的：培养知识型、技能型人才，同时塑造有理想、有道德的公民。另外，学生管理新体制更注重学生的个性化发展，鼓励学生自主探索。在这种开放、宽松的学习氛围中，学生可以更好地发挥自己的潜能，找到自己的发展方向，从而实现全面发展。总之，学分制下的学生管理新体制不仅优化了教育资源配置，也实现了更为人性化、科学化的学生管理，有助于培养具有高素质、创新思维的新时代青年。

四、营造良好的校园文化环境

校园文化环境是高校的文化和习俗共同塑造的独特氛围，深刻地影响着学生的成长。人的发展与环境有着不可分割的联系。尤其在学生阶段，良好的校园文化环境可以对学生的成长和发展起到促进作用。高校采用的班级管理模式能够充分体现以学生为中心的理念，有利于培养学生的高尚道德情操，使学生树立正确的职业观。高校的班级管理有利于营造良好的校园文化环境。高校为学生提供充满活力、包容、尊重每一个个体的校园文化环境，有利于促进学生成长和发展。这样，高校不仅能够充分发挥校园文化环境的教育功能，也能提升学生管理的效率和效果。

五、充分发挥学生会的作用

（一）学生会的组织架构

学生会是高校中联系所有学生的关键组织，主要为学生提供学业发展、身心健康、社会融入和权益维护等方面的服务。学生会的核心使命是为学生服务。学生会充当了学校和学生之间联系的桥梁和纽带。在党组织的领导和团组织的支持下，学生会根据法律、学校规章制度以及自身章程展开工作。

学生会代表学校所有学生。学生会的工作人员是被学生选出来的，他们的主要职责是为学生提供日常服务。学生会的章程明确规定"所有在校学生都是学生会的会员"。

学生会通常设有主席团，主席团包括主席、常务副主席和副主席。

主席团下设有秘书处和其他多个部门，如宣传部、体育部、文娱部等。各部门的人员依据具体需求来安排。学生会的组织部、学术部、文娱部、体育部、宣传部、生活部等部门基本上有部长1名、副部长1名、干事2名。

（二）学生会的职能分工

学生会是高校学生自我管理、自我服务、自我教育和自我监督的组织，对学生的校园生活、学术发展、社交活动、文娱、体育等都有所涉及。以下是高校学生会的常见部门及其职能分工。

（1）主席团（包括主席、副主席等）的责任是组织和领导学生会全体会议，制订年度工作计划；协调学生会各部门的工作，解决学生会内部的问题；代表学生与学校管理层、教师和外界沟通。

（2）办公室负责会议的组织与记录，管理学生会的文件、资料等，协助主席团的日常工作。

（3）组织部负责学生会的组织建设，如部员的选拔和培训；开展志愿者活动、公益活动等。

（4）学术部组织学术讲座、论坛、学习小组等，开展学术竞赛和研究活动。

（5）文娱部组织文化活动、艺术活动、娱乐活动，如晚会、演出、电影展映等；策划各种文化艺术比赛。

（6）体育部组织体育活动和比赛，宣传体育锻炼的重要性。

（7）宣传部负责学生会活动的宣传和推广，制作海报、视频，创作社交媒体内容。

（8）外联部与校外组织、企业、其他学校的学生会建立联系，寻求合作机会和资金支持。

（9）生活部关心和调查学生的生活需求；组织福利活动，如团购、优惠券发放等。

（10）纪检部监督学生会内部的纪律和规矩，负责处理学生会内部的投诉和纠纷。

以上只是学生会各部门大致的职能分工，不同的学校可能会根据自身的需要和实际情况对学生会各部门职能进行调整。但无论如何，学生会都是为学生服务的组织，其核心目的是促进学生的全面发展。

（三）学生会活动组织与开展

在高校，学生会活动起到了丰富校园文化、提供多彩校园生活的作用。为确保活动达到预期效果，学生会应细致策划活动，组织、开展活动。学生会活动组织、开展的基本流程如下：

1. 确定活动思路

在筹备各类活动之前，学生会各部门需要确定活动思路，要考虑到各种因素，如活动的预计时间、预期的参与者及经费预算。

2. 上报主席团

学生会的活动组织部门将确定好的活动思路的文件提交给主席团。主席团根据各部门提议的活动时间、经费、创新性及可行性对活动进行评估。未获得主席团批准的活动，各部门不得擅自开展。

3. 活动策划与准备

对于获批的活动，学生会的活动组织部门按照主席团提出的意见或建议进一步详细策划。在策划活动时，学生会与学校、班级持续沟通至关重要。这有助于提升活动效果，为学生提供更好的活动体验。活动策划详情需要备案于主席团。经费预算和活动时间由主席团最终确定，确定后学生会的活动组织部门开始进行活动准备工作。

4.活动开展

学生会的活动组织部门需要与宣传部合作，宣传部负责活动宣传和记录。活动组织部门要有明确的任务分工，并制订预备替代方案，以应对突发事件，严格按照策划书开展活动，以保证活动顺利进行。在活动组织、开展过程中，团队成员和团队间的沟通、协作尤为重要。

5.活动总结

活动结束后，学生会活动组织部门应妥善存档活动资料（如活动照片、用品等），需要写出活动总结，记录活动成功经验、不足之处或失败的教训，为改进今后的活动提供参考。学生会也可以通过问卷或反馈，收集学生的意见，将学生的意见作为未来改善活动的参考。

学生会任何部门在进行活动时，都要遵循上述流程。

注意事项：活动成果正式对外发布前，必须经过主席团的备案和审批。

六、完善学生管理评价体系

一个完善的学生管理评价体系不仅可以评估学生的学业成绩，也能激励他们去挖掘和发挥自己的潜力，从而促进学生全面发展。完善学生管理评价体系，有两个重点需要注意：

一是以学生为中心，促进学生全面发展。高校管理者在完善学生管理评价体系时，首先要考虑的是学生的真实需求和感受，要关注学生的创造力、沟通能力、团队协作能力、批判性思维能力等多方面的能力，关注他们的价值观、道德情操等。完善学生管理评价体系，可以更加科学地评估学生的发展，并鼓励学生去挑战自己，去尝试，去创新。

二是鼓励学生自我评价，让学生参与评价体系建设。学生自我评价可以更加真实地反映他们的学习情况。在学生管理评价体系中引入学生自我评价，不仅能够增强评价的真实性和公正性，还可以调动学生的积极性，让他们更主动地学习、参与管理。

为了应对当今社会的挑战，满足社会发展需求，高校肩负着培养创新型、综合型、领导型的高素质人才的重要使命。学生管理工作直接关系到这一使命的完成。高校管理者应不断创新和改进学生管理，以确保培养出来的学生不仅有深厚的学术底蕴，也有开阔的视野、独立思考能力和强烈的社会责任感，使学生真正成为国家的栋梁之材。

第五章 高校学生管理的实践创新策略

第一节 学生发展导向的高校学生管理策略

一、高校学生管理者提高自身综合素质

高校是否能培养出积极向上、具有创新精神和探索精神的全面发展的高素质专门人才,在很大程度上取决于学生管理者的素质与能力。管理者要遵循教育规律,贯彻党的指导方针,还需要深入了解学校的教育教学流程,了解学生的思想动态。有效的学生管理需要管理者具备坚实的马克思列宁主义基础、丰富的管理知识。此外,管理者还需要拥有良好的工作作风、民主的处理事务方式、强烈的责任感、公正无私的态度、创新精神和科学精神。为了提升学生管理效果,管理者应注重提高自身综合素质。

（一）提高思想政治素质

思想政治素质是高校学生管理者应该具备的基本素质，包括政治立场、思想观点、政治品质和政策水平等。

立场决定观点，观点又决定了人们处理问题的方法和角度。管理者应坚定自己的政治立场，准确地运用马克思主义理论来分析和处理问题；应始终对党和人民保持忠诚；在处理学生事务时，应保持公正，做到襟怀坦荡、光明磊落，这不仅是管理者个人品质的体现，也关乎学生管理工作的效果。管理者还应有较高的政策水平，这是精确执行政策的关键。管理者需要深入了解和准确执行党的政策。对于高校学生管理者来说，思想政治素质是他们必备的核心素质。管理者不仅要坚守自己的政治立场和观点，还要拥有高尚的政治品质和对政策的深入理解，以确保管理工作的有效性。

（二）提高知识素养

高校学生管理者应具备较高的知识素养。管理者要做好学生管理工作，既需要有深厚的理论基础，又要将理论与实践紧密结合。面对文化修养较高、思维活跃的大学生，管理者应具备一定的知识水平，确保理论与实践能够相互支撑。具体而言，管理者应具备以下四个方面的知识。

1. 马克思主义理论基础

大学生思想活跃，且渴望探索。管理者深入学习马克思主义基本理论，能准确判断学生的众多思想观点，更好地指导学生，坚持四项基本原则，确保学生沿着正确的方向前进。

2. 学生管理知识

管理者要理解管理的本质，并掌握相关的知识、技术和方法。例如，管理者应具备跨学科知识，具备教育学、心理学、社会学等相关学科的知识，以增强自身的决策能力、计划能力和组织能力，增强实际管理能力。管理者要做到内行管理，掌握专业的管理知识，使管理工作专业化，成为合格的管理者。

3. 专业知识与教学知识

管理者应了解与学生所学专业相关的基础知识，并掌握教学规律。在教学工作方面，管理者可在条件允许的情况下，也负责教学工作，与学生建立紧密的联系，提高自己在学生心中的威信。

4. 与学生兴趣相关的知识

管理者应掌握与学生兴趣相关的知识（如文学知识、历史知识、艺术知识、体育知识等），并与学生建立联系，了解文艺作品、人物传记、格言和谚语，与学生找到共同话题，加深学生对问题的理解，增强管理工作的实效性。管理者具备较高的知识素养，能够更好地引导、教育和管理学生。

（三）提高能力素质

高校学生管理者应具备运用各类知识开展管理工作的能力、创新能力及解决实际问题的能力等。高校学生管理者应重点提高管理能力和分析研究能力。

1. 管理能力

每个学生都是独特的。学生的家庭背景、经历、个性、兴趣存在差异，这些差异使不同的学生对同一问题可能有不同的看法，不同的学生也可能有不同的需求。由于学生存在个体差异，所以管理者不能对学生采取"一刀切"的管理方式。管理者要不断学习，努力提高管理能力。管理者要在马克思主义理论的指导下，利用各种知识，采取灵活且有效的管理方式来管理学生。

2. 分析研究能力

面对学生管理中的问题，管理者要具有分析研究能力。此能力可细分为调查研究能力和理论研究能力。

（1）调查研究能力。管理者应能够深入学生中，获取第一手信息资料，经过数据分析和综合研究，全面了解学生的实际情况。

（2）理论研究能力。管理者应能够独立进行问题分析，通过研究，了解管理工作的规律，增强管理工作的实效性。

总之，管理者需要具备管理能力来管理存在个体差异的学生，并通过分析研究能力确保管理方法的科学性和实用性，确保管理的有效性。

（四）提高道德修养

高校学生管理者应注重提高自身的道德修养。一是要以身作则。管理者应成为学生的楷模。管理者的一言一行都应展现出道德高尚。二是具备好的工作作风，如谦虚、谨慎、勤奋、好学、实事求是和正直的工作作风。这样，管理者能够公正无私地处理学生事务，始终把学生的利益放在首位，对待每一位学生都热心并保持文明。三是要有良好的道德品质。管理者展现出良好的道德品质，能够对学生产生积极影响。学生可以学习管理者良好的道德品质，提高自身道德素养。四是要有宽容的态度。高校学生通常具备较高的理论水平和判断力，对管理者的工作和行为有敏锐的观察和评价。管理者应具备宽容的态度，既能接受学生的建设性的反馈意见，也能坦然面对并反驳不公正的评价。五是要注意调整心态。面对学生的评价，无论正面评价还是负面评价，管理者都需要有宽容、开放的心态。学生的评价能帮助管理者成长，增强管理者的管理能力和适应性。

对于高校学生管理者而言，道德修养不仅是他们个人品质的体现，也是影响他们工作成效的重要因素。良好的道德修养能使管理者获得学生的信赖和尊敬。

二、培养学生自我管理能力

高校注重培养学生的自我管理能力，能够帮助他们在学业、生活和职业领域中取得成功。学生需要掌握一定的自我管理技巧和策略，才能在日常生活中有效地管理自己的时间、任务、注意力和情绪等。以下是培养学生自我管理能力的一些方法。

（一）为学生提供支持和指导

在提高自我管理能力方面，学生需要得到支持和指导，掌握自我管理的方法和技巧。教师、家长或辅导人员可以支持学生，鼓励学生制订计划、管理时间，指导学生掌握时间管理技巧。

（二）帮助学生了解自己

了解自己是自我管理的关键。学生应该知道自己适合做什么，以及如何管理自己的优点和缺点。教育工作者可以帮助学生通过反思、自我评估、目标制定和定期回顾来了解自己。

（三）培养学生自律的习惯

自律是自我管理的重要组成部分。学生应该了解如何自我激励、自我约束和制定目标。教育工作者可以通过增强学生的自信、鼓励并赞赏他们的努力来帮助他们养成自律的习惯。

（四）教授学生有效的任务管理技巧

学生需要了解如何管理自己的任务和时间。教育工作者可以教学生使用任务清单、优先级标记和时间记录来管理自己的任务和时间。

（五）帮助学生掌握压力管理技巧

压力管理是自我管理的关键部分。学生需要了解如何处理压力、舒缓情绪。教育工作者可以为学生提供资源，让学生掌握一些压力管理技巧，例如，可以让学生练习瑜伽、进行呼吸练习、听放松的音乐等。

（六）鼓励学生自我反思

自我反思是自我管理的重要途径之一，可以帮助学生发现自己的弱点和优势。教育工作者可以帮助学生学会自我反思的技巧。例如，学生可以通过日志记录进行自我反思。

总之，学生的自我管理能力对他们的未来成功具有重要的意义。教育工作者可以通过为学生提供支持和指导、帮助学生了解自己、培养学生的自律习惯、帮助学生掌握任务管理技巧和压力管理技巧、鼓励学生自我反思来培养学生的自我管理能力。

三、评价学生能力

学生能力评价是对学生各项能力的综合判断，而且是教育过程中的关键步骤。通过学生能力评价，教育工作者可以了解学生在不同领域的表现和需求，为学生提供有针对性的支持和指导。学生能力评价具体可以分为以下几个方面：

（一）语言表达能力评价

语言表达能力评价主要关注学生在口头和书面上的表达技巧。学生能够流畅、清晰、有逻辑地表达自己的思想是评价的关键标准。评价者需要从学生的语法准确性、词汇丰富度、语言逻辑性等方面对学生的语言表达能力进行综合评判。

（二）思维能力评价

思维能力是学生解决问题的基石。学生运用思维能力分析问题并得出结论。逻辑思维能力、创造性思维能力、分析能力和判断能力等是思维能力评价的主要指标。

（三）创新能力评价

对待问题的开放性程度、对旧知识的新应用、跨界思考等是评价学生创新能力的重要指标。

（四）实践能力评价

学生要将在学校学习的知识和技能应用到实践中，要具备一定的实践能力。实践能力评价考查学生的操作技能、应用知识的能力以及解决实际问题的能力等。

（五）综合能力评价

除上述几种单一的能力评价外，综合能力评价也是一种重要的评价。评价者需要从学生的团队协作能力、时间管理能力、自我调节能力等方面对学生进行综合评价。

学生能力评价是多维度、多层次的评价。评价者要用心、细致地对学生进行评价，为每位学生提供精准的学习建议和指导。

第二节　全员参与的高校学生管理策略

一、教师与辅导员（或班主任）参与的学生管理

（一）教师参与的学生管理

1. 做好课堂管理

（1）制定课堂规则。为管理好性格各异的学生，教师需要制定明确的课堂规则。这样不仅能维持课堂秩序，还能增强学生对教学活动和教师的认同感。

（2）巩固管理制度。

①教师应持续注意学生行为，并适时巡视课堂。

②面对学生不严重的违纪行为，如上课玩手机、看小说等，教师应避免公开批评，可提醒学生或课后找学生谈话。对于学生严重干扰正常上课的行为，如喧哗或戏弄，教师需要迅速以警告或批评制止。

③鼓励学生的良好行为，制止学生的不当行为。教师的奖惩手段包括表情、表扬、批评、奖励和课后交谈等。教师对待学生应以奖励为主，按规则行事，避免滥用惩罚。

④教师可让学生参与制定课堂规则，使学生感受到自己的价值和参与课堂管理的重要性。

2. 教师之间交流与合作

教师可以定期与同事相互分享教学经验和教学技巧，这样不仅可以得到新的教学灵感，学习到教学技巧，还可以找到自己的不足并及时弥

补。例如，高校可定期组织教师经验分享会，让有经验或有特色的教师分享成功的教学案例、教学方法和教学策略。两位或多位教师共同执教一个班级或一门课程，各自发挥自己的专长，相互交流，这样可以获得更丰富的教学经验。高校应鼓励教师相互观摩课堂教学。教师通过看其他教师授课，可以了解不同的教学方法和技巧。

3.持续进行自我反思

教师在每堂课结束后，都应该花时间进行反思，回顾教学内容和教学方法，思考哪些地方做得好，哪些地方还需要改进。每天教学结束后，教师可写下当天的教学日志，记录授课的内容、方法和学生的反应等。教师可定期观看自己的课堂录像回放，从学生的角度审视自己的授课方式，发现教学中存在的问题和不足，及时改进教学。

4.鼓励学生进行反馈

教师可以鼓励学生为教师提供每堂课的反馈。这样，教师可以了解自己的教学方法是否有效，哪些内容学生不明白，以及学生最关心的问题是什么。教师可使用问卷调查工具进行学生满意度调查，让学生真实反馈自己的想法。教师还可定期与学生进行面对面交流，了解学生在学习中遇到的困难和学生的需求。

5.与学生建立良好的关系

教师不仅是知识的传递者，还是学生的朋友、指导者和支持者。教师应该尽量与学生建立起良好的关系，这样才能更好地了解学生，帮助他们解决问题。例如，教师可通过组织课外活动与学生进行互动，了解他们的兴趣和需求。教师不仅要关注学生的学习，还要关注他们的生活、情感和健康，帮助他们全面发展。

6. 更新教材和教学资源

教材和教学资源是教学的基础。教师应该定期检查和更新教材和教学资源，确保教材和教学资源与时俱进、能够满足学生的需求。例如，教师可每学期或每学年审查教材，确保教材内容的准确性和实用性。教师可浏览教育网站和教育社交媒体，寻找和收集新的教学资源和教学工具。

7. 运用新技术

现代技术为教育提供了更多的可能。教师可以使用现代技术和工具教学，如应用在线课程、虚拟实验室、互动式模拟等，以提高学生的学习兴趣和学习效率。例如，教师可利用数字化工具，如教育软件、在线平台等，为学生提供丰富的学习资源和学习体验；利用远程教育平台，使学生可以在任何地方、任何时间进行学习；利用虚拟现实技术和增强现实技术，为学生提供身临其境般的学习体验。

（二）辅导员（或班主任）参与的学生管理

1. 辅导员（或班主任）的管理职责

辅导员（或班主任）是班集体的组织者、教育者和指导者，是学校实施教育和教学工作计划的得力助手，在学生全面、健康发展中充当导师。辅导员（或班主任）的主要职责如下：

（1）思想品德教育。辅导员（或班主任）应教育学生遵守学校的规章制度，致力培养学生的思想道德素质、文化素养和遵纪守法的意识。

（2）班级建设。辅导员（或班主任）应努力构建和谐的班集体，组织开展多种集体活动，并建设正向的班级文化。

（3）学业指导。辅导员（或班主任）应强调学习目标，提高学生的学习质量，并与各科教师紧密配合。

（4）关心学生身心健康。辅导员（或班主任）应重视学生的身心健康，鼓励学生进行体育锻炼，为学生提供适当的生活指导，及时帮助学生解决实际困难。

（5）组织社会实践。辅导员（或班主任）可引导、组织学生参加各类社会实践活动，鼓励他们发掘兴趣、发展特长。

（6）协助学生组织工作。辅导员（或班主任）领导班委会、团支部等开展活动，培养学生的自治能力。

（7）全面了解学生，定期收集和整理学生信息，制订班务计划，在学期末进行工作总结。辅导员（或班主任）应确保学生在大学期间得到全面的关心与指导，为他们的未来做好铺垫。

2. 辅导员（或班主任）应具备的职业素养

辅导员（或班主任）在高校担任着独特的角色。他们不仅是班级学生的教育者和管理者，还是班集体的一分子。他们与教师的差异主要体现在教学决策和班级管理上。辅导员（或班主任）与学生联系紧密，对学生影响深远。辅导员（或班主任）应具备以下职业素养：

（1）具备敏锐的观察力。辅导员（或班主任）需要敏锐地观察学生的微小变化，如表情、动作和情绪，以更好地了解学生的学习进展、思想状态等，根据学生的实际情况及时调整教育方法，满足学生的需求。

（2）具备组织和管理能力。辅导员（或班主任）需要组织和管理班级活动，确保活动有序进行；还要营造有益的学习环境，鼓励学生积极参与班级管理，并按照教育规律制订班级管理策略。

（3）具备良好的沟通能力。辅导员（或班主任）需要与其他教师、组织进行沟通，因此需要有良好的沟通和协调能力，以确保教育工作顺利进行。此外，辅导员（或班主任）还应与家长和社区建立联系，为学生提供全面的教育。

（4）具备同情心与理解力。每一位学生都有其独特的个性。辅导员（或班主任）应具备同情心和理解力，确保每位学生都感到被理解和支持。

（5）具备解决问题的能力。在日常工作中，辅导员（或班主任）可能会遇到各种学生问题，如学习困难、人际关系问题等，因此需要具备解决这些问题的能力。

（6）具备持续学习的精神。教育不断发展，辅导员（或班主任）应具备持续学习的意识，不断丰富自己的知识和技能。

（7）具备时间管理能力。辅导员（或班主任）需要处理各种事务，如班级活动、家长会议和其他日常事务。辅导员（或班主任）具备较强的时间管理能力，可以统筹安排各种日常事务，有条不紊地进行工作。

（8）具备团队合作精神。辅导员（或班主任）需要与其他教师、学校管理者和外部组织合作，应具备团队合作精神，与他人建立良好的关系，共同为学生提供良好的教育。

（9）具备灵活应变能力与创新能力。学生和教育环境都在不断变化，辅导员（或班主任）需要能够适应这些变化，并不断创新自己的教育方法、管理方法，以更好地满足学生的需求。

辅导员（或班主任）具备上述职业素质，不仅能顺利完成工作任务，还能为学生营造支持性的学习环境。

3. 辅导员（或班主任）的管理方式

辅导员（或班主任）应采用民主型管理方式，与学生建立互信与平等的关系。辅导员（或班主任）在班级中不仅是活动组织者和指导者，还是活动参与者。学生参与班级决策。通常在辅导员的指导下，班干部组织学生讨论班级事务。这种管理方式鼓励学生积极参与班级事务管理，有利于建立良好的师生关系，使整个班级具有积极、和谐的氛围。民主型管理被许多教育者视为理想、科学的管理方式，有利于营造和谐的班级氛围，提高管理效率。

4. 辅导员（或班主任）应正确引导班级舆论

（1）正确舆论在班级建设中的重要性。舆论可以被理解为一个集体中的成员对某些事物持有的共同看法，这些看法可以是公开的或非公开表达的。无论在哪里，只要有集体，就存在舆论。舆论可能是单一的，也可能是多元的。舆论的核心特征是反映了集体的普遍看法。舆论对人的言行产生巨大的制约力。在班级环境中，舆论代表了学生的普遍观点。正面的、健康的班级舆论不仅反映了学生的思想水平，也会进一步影响和规范学生的行为。如果一个班级拥有正面的舆论导向，那么这种舆论导向很可能会成为这个班级的行为指南，使班级学生呈现出良好的精神面貌和道德品质。辅导员（或班主任）在引导班级舆论时，应确保班级舆论的正确性，使正确的班级舆论能够真正为班级和谐服务。正确的班级舆论也有助于培养学生的自觉行为。班级舆论与学生的自觉行为有着密切的关联。对于学生成长来说，教师的作用是有限的。虽然学生在成长过程中往往依赖教师的指导，但学生不能永远依赖教师。教师对学生的影响和管理受到时间和空间的限制。因此，不能完全依赖教师来维护班级的秩序，学生的自觉性是很重要的。维护班级秩序、营造良好的班级氛围不仅需要教师的引导，也需要学生的自觉行为。只有学生主动遵守规则和维护秩序时，班级才能正常运行，班级文化才能健康发展。如果班级具有正确的舆论，那么正确的舆论会推动学生的行为向正确方向发展。最终，这种在正确的班级舆论影响下的行为会转化为学生的自觉行为。总之，舆论不仅是集体的共识，也是塑造和维护集体行为的强大工具。对于班级来说，正确的舆论不仅反映了班级学生的共同观念，还能强化学生的自觉性，为班级的长期健康发展奠定基础。因此，辅导员在班级管理中应重视对舆论的引导。

（2）正确引导班级舆论的途径。正确引导班级舆论是一个细致且复杂的过程，主要目的是帮助学生形成正确的看法。以下是正确引导班级舆论的有效途径：

①讲评：辅导员对学生行为进行公开评价，明确好与坏的行为。由于辅导员的权威性，这种评价具有较大的影响力。

②评比：将学生的行为公之于众，通过民主程序对学生行为进行评价。全班学生参与的评价本身构成舆论，对班级整体舆论产生较大影响。

③讨论：组织学生针对常见问题进行民主讨论。民主讨论可以是随意交谈、预先准备的发言或书面意见。辅导员在学生讨论开始时为学生提供指导，在最后做出总结。

④交流：对于涉及人际关系的敏感话题，鼓励学生相互交流意见。辅导员需要在学生交流前为学生提供指引，并在学生交流之后了解交流情况。

⑤批评与表扬：辅导员的明确批评和表扬为学生提供了行为的是非界限，不仅为学生提供了行为指导，还在班级舆论方面起到了导向作用。

⑥辅导员讲话：针对重大事件或复杂话题，辅导员需要准备专题讲话。这样，辅导员能传授给学生知识和分析问题的方法，而且这些讲话可能会成为学生之后讨论的焦点，能够引导班级舆论。正确的舆论是班级和谐的基石。辅导员在引导班级舆论中起到了至关重要的作用。

二、班干部的选拔与培养

班干部是学生中的领导者，在集体中起到重要作用。班干部的选拔与培养是一个重要的过程，不仅有助于学生的个人成长，还对集体和学校的整体发展产生积极影响。

（一）班干部选拔的原则和条件

高校的班干部能否发挥应有的作用，主要取决于他们的素质、能力。班干部的素质和能力直接影响班干部对班级的管理效果，影响班干部各项工作的开展。因此，选拔班干部，一定要考查学生的素质和能力。选拔班干部应遵循一些基本原则，考虑一些选拔条件。

1. 选拔班干部的原则

（1）广泛性原则：选拔班干部时要考虑班级全体学生，确保选拔的广泛性。考查面越广，考查的对象就越多，选拔结果就更能满足客观需求。这样的广泛性选拔可以增强学生的自我管理能力、自我教育能力和自我服务的积极性，增强学生的主人翁意识，并为营造良好的工作氛围提供支持。

（2）公正性原则：选拔班干部应公正、公平，避免受到私人情感或既定印象的影响。要严格按照选拔标准和要求选拔班干部，确保选出真正无私且能为同学所接受的班干部。

（3）择优原则：班干部应该是学生中的优秀代表。应选拔思想政治素质高、学业成绩优异、学习能力和工作能力强的学生作为班干部，确保班干部队伍的高素质。

（4）扬长原则：在选拔班干部时，要充分考虑学生的兴趣、爱好和特长，确保每个学生的专长得到最大限度的发挥，为培养更多专业、实用的高级人才创造条件。

2. 班干部选拔条件

（1）思想品德：班干部首先要具备高尚的思想品德。班干部应有正确的价值观和坚定的道德立场，对待班级事务应有公正、公平的态度。此外，他们还应能够团结和鼓舞同学，尊重每一个人的意见和感受，真正为大家着想，全心全意为同学服务。

（2）学习成绩：班干部应当是学习模范。班干部的学习成绩应达到或超过班级的优良标准。班干部应具有稳定的学习态度和良好的学习习惯。此外，作为班级的学术楷模，班干部应经常鼓励并帮助同学提高学习成绩，促进班级整体学术进步。

（3）管理能力：班干部不仅需要有优秀的学习成绩，还应具备一定的组织能力和管理能力。班干部可能要策划和组织班级活动，解决班级内部的矛盾，确保班级内的工作和活动有序进行。班干部应能够妥善利用各种资源，发挥班级集体智慧，使班级保持和谐、活跃的氛围，并带领班级学生开展工作和活动。

（4）群众基础：班干部应深受同学喜爱和信任。班干部不仅要与每一个同学都保持良好的关系，还要主动了解同学的需求和困难，真正做到为同学着想。当班级需要做出重要决策或面临挑战时，班干部能够充分听取同学的意见和建议，做出有利于大家的选择。这样的班干部更容易得到同学的支持，使班级的工作开展得更加顺利。

（二）班干部选拔方法

在高校，选拔班干部是对学生领导才能和组织才能的认可。学生被选为班干部，意味着肩负起了特殊的责任和使命。班干部需要具备出色的组织能力、沟通技巧以及领导能力，为班级和同学提供服务。以下是常用的选拔班干部的方法：

1. 综合评定法

综合评定法是一种多维度的评估方法，涉及学生在学习、道德修养、思想觉悟、纪律等方面的综合表现。评定指标包括学生的日常表现、考试成绩以及在社团或课外活动中的贡献。这种方法旨在选拔那些在多个领域都展现出才华和热情的学生。

2. 自荐推举法

学生被鼓励主动报名参加班干部选拔，提交个人简历，并准备竞选演讲。之后，全班学生进行投票，选出最合适的候选人。这种方法不仅能够调动学生的积极性，还能给他们展现自己能力的机会。

3. 推荐评议法

这是一种依赖教师专业意见的班干部选拔方法。教师根据学生在课堂、课外的表现以及与同学互动的表现，对学生进行推荐和评议。这种方法的优势在于，教师凭借他们的经验和对学生的深入了解，能够选拔出那些具有领导潜能的学生。

4. 考核选拔法

学生参与一系列的考核项目，如面试、笔试和实际操作等。这种方法旨在深入了解每个学生的能力和特点。利用这种方法选拔出的班干部通常具有很强的适应性和解决问题的能力。

5. 能力竞赛法

能力竞赛法是通过组织各种竞赛（如辩论赛、演讲比赛）或布置团队合作任务等来考核学生的领导能力和团队协作能力。这些竞赛和任务旨在检验学生的沟通能力和领导能力。

利用上述班干部选拔方法，能够从多个维度公平地选拔出适合担任班干部的学生。在班干部选拔过程中，应始终坚持公正、公平的原则，确保每位学生都有机会展现自己的优势和能力，从而选出真正能为班级做出贡献的杰出班干部。

（三）班干部培养方法

班干部是辅导员的得力助手，如一列火车的车头，使整个班级有序行进。选择合适的班干部是构建高效学生管理团队的起点。辅导员还应充分利用并培养班干部。辅导员需要加强对班干部的指导与管理，既要呵护和关心他们，又要对他们提出明确的要求。在班干部执行任务时，辅导员除了要让班干部明确任务内容，还要指导班干部掌握工作方法，提高班干部的威信，并对班干部的工作给予正面反馈。当班干部犯错时，辅导员要帮助班干部找出原因并改正错误，鼓励他们前进。同时，辅导员要确保班干部能平衡好工作与学习的关系，使他们全面发展。

1.加强思想教育

班集体的形象往往是靠班干部来维护的。班干部要有较高的思想道德素质，要有集体荣誉感，时时处处以班干部的身份严格遵守纪律，起到模范带头作用。辅导员要让班干部明确自己在班级建设中的重要作用，让他们充分发挥榜样示范作用、认真履行自己的职责，让他们配合辅导员使班级朝进步、和谐的方向发展。

对于经过选举产生的班干部，辅导员首先需要让他们明确工作职责，在实际工作中放手让他们完成任务。辅导员应该为班干部提供指导，尊重和信任他们，充分发掘他们的管理潜能，帮助他们完成任务。另外，辅导员也要让班级学生明白，班干部为班级做出了巨大努力，大家应当关心、支持和理解他们。

2.创造良好的工作条件

为班干部创造良好的工作条件，是确保班级管理高效的重要途径。辅导员可为班干部提供专业培训，帮助他们掌握基本的组织技能和管理技能。这样，他们才能更好地在日常工作中发挥作用，服务同学。

每半学期的民主评议是对班干部进行评价的过程。辅导员应该鼓励学生对班干部进行诚实、客观的评价，使班干部能从评议中获得真实的反馈并及时调整工作策略。辅导员不应对班干部的工作进行过度干预，应尊重班干部的独立性和创造性。班干部拥有各自的才华和特长，辅导员应让班干部在职责范围内发挥特长，优化班级管理的效果。同时，辅导员要让班干部做到公平、公正，使每位学生的权益得到保障。对于班干部的努力和付出，辅导员应给予充分肯定和支持，增强他们的工作动力和信心，让他们在服务班级的过程中感受到成就和满足。

3.鼓励、支持班干部

辅导员应了解班干部的工作情况,给予班干部工作方法上的指导。辅导员需要经常与班干部沟通,了解他们的工作和心态,支持班干部工作。

(1)营造良好的工作氛围。辅导员应该为班干部营造支持和鼓励他们工作的环境,帮助他们增强自信、树立威信。

(2)及时表扬班干部。当班干部表现出色时,辅导员应该及时表扬他们。这样,他们会感到自己的工作是有价值的,从而有更大的工作热情。

(3)维护班干部的威信。当班干部犯错误时,辅导员应该出面解释,并尽量维护他们的威信。这有利于他们改正错误、继续努力工作。

(4)经常与班干部沟通。辅导员应该经常与班干部进行深入的交流,了解他们的想法和建议,这样可以更好地协调班级管理工作。

(5)呵护和支持班干部。辅导员不仅要为班干部提供必要的支持,还要确保他们的自尊心不受伤害,并帮助他们健康成长。

班干部在班级管理中扮演着非常重要的角色。辅导员要为班干部提供必要的支持和指导,帮助他们更好地完成任务,同时确保他们的权益得到保护。

4.及时召开班干部会议,提高班干部的管理水平

在高校,班干部应当是班级的领导者。辅导员要想有效地提升班干部的管理水平,需组织召开有意义的班干部会议。辅导员定期召开班干部会议,不仅可以及时了解班干部在工作中遇到的问题和困难,还能及时对这些问题进行讨论和解决。辅导员通过召开班干部会议,让班干部明白他们工作的主要目的是服务班级,他们的每一个决策都应基于班级利益。

班干部会议是一个良好的交流平台。在班干部会议中，班干部可以相互交流他们的困难、挑战和成功经验，从而更好地完成自己的任务。面对那些遇到一些问题或情感困扰的班干部，辅导员可为他们提供咨询和支持，帮助他们解决问题。班干部要成为班级学生的模范，在各个方面都应有卓越的表现。无论在遵守纪律、尊重他人方面，还是在学习和日常活动方面，班干部都应该成为高标准的榜样。班干部还要有责任感，他们的决策和行为必须是公平、公正的。这样，他们才能赢得同学的信任和尊重。

通过对班干部进行长期培养，辅导员可以使班干部在班级中发挥出核心作用，提高他们的管理水平。

5. 正确对待犯错误的班干部

班干部犯错是正常的现象。他们处于成长的阶段，在学习和尝试成为班级的合格领导者。在班干部犯错时，辅导员应综合考虑班干部的个性、犯错的原因和后果，并采取一种既不过于严厉又能让他们吸取教训的方式来帮助他们改正错误。以下是辅导员帮助班干部改正错误的一些正确方式。

（1）进行私下沟通。辅导员可找时间与犯错的班干部进行单独沟通，了解班干部犯错的具体情况和原因，给予班干部解释的机会。

（2）采取相应措施。辅导员可根据班干部所犯错误的性质和严重程度，决定相应的处理措施：若班干部所犯错误是轻微的失误，则可以只对他们进行批评教育；若班干部所犯错误比较严重，则可能需要进行班干部轮换或重新选举。

（3）为班干部提供学习机会。无论班干部所犯错误是否严重，辅导员都应该为他们提供学习和成长的机会。辅导员可以通过谈心、召开班委会议，让班干部认识错误。

（4）公平对待班干部：虽然班干部有一定的领导职责，但他们仍然是学生，应该和其他学生一样被公平对待。辅导员应避免因为班干部的身份而区别对待他们。

（5）保护班干部的自尊心。在处理问题时，辅导员应避免在公开场合批评班干部，这可能会伤害他们的自尊心和自信心。辅导员应鼓励班干部从错误中吸取教训、成为更好的人。

（6）鼓励班干部进行反思和自我改进。辅导员应让班干部反思自己的错误、认识到自己的不足，让他们制订一个改进计划，鼓励他们将改进计划付诸实践。

（7）征求其他学生意见。如果班干部所犯错误影响到了其他学生或班级的运作，班干部可以征求其他学生的意见和建议，和学生共同决定如何解决问题。

（8）适当调整班干部职位。辅导员如果发现某个班干部经常犯错或不适合某个职位，可以考虑调整他的职位，让他在其他方面发挥自己的优势。

总之，辅导员在处理班干部所犯错误时，应以教育和帮助为主，鼓励班干部学习和成长，而不仅仅处罚他们。

6.提升班干部的讲话技巧

班干部在班级中起着重要的作用，是辅导员与学生之间联系的纽带。班干部具有一定的讲话技巧，不仅可以很好地将班级事务传达给同学，还能有效地团结同学，营造和谐的班级氛围，推动各项工作顺利进行。许多班干部在学业、人际关系等方面都表现出色，但面对全班同学讲话时显得胆怯，这可能是由于缺乏自信。班干部公开讲话时缺乏自信，往往与缺少公开讲话的经验、害怕犯错误或担心被批评有关。为了提升班干部的讲话技巧，辅导员首先应确保班干部拥有充足的实践机会。这些实践机会应当以安全、支持性的环境为背景。辅导员应让班干部知道他们可以自由表达，即使犯了错误，也不会受到过度批评。例如，辅导员可以让班干部在班级会议上进行简短的演讲或者在班级的一些小型活动中担任主持人。在培养班干部讲话技巧过程中，辅导员应注重鼓励班干部，给予他们正面反馈。如果班干部在讲话中犯错误，辅导员应为他们提供建设性的反馈，而不是对他们进行尖锐的批评。此外，辅导员也可以定期为班干部提供专门的培训，如演讲技巧培训、语言表达训练等，使班干部不断提升讲话技巧。辅导员要让班干部认识到讲话技巧的重要性，鼓励班干部主动锻炼自己的讲话技巧，鼓励他们利用各种机会进行实践，从而使他们真正做到自信、流利地公开讲话。

7.班干部要树立良好形象

班干部不仅仅是班级管理者，也是学生的榜样、领导者和服务者。班干部的言行不仅体现自己的修养，也影响到整个班级的氛围。班干部要树立积极、正面的形象。为此，班干部需要不断学习、思考、实践并总结，增强自己的解决问题能力、分析能力、表达能力和管理能力等，提升人际交往技巧，提高综合素质。班干部应真诚地为同学服务，乐于助人。班干部应学会处理人际关系，提升自己的思想道德水平。班干部要想得到他人的尊重和信赖，必须首先确保自己是一个值得信赖、有责任心、富有同情心的人。只有这样，班干部才能真正为同学服务，得到老师的信任和同学的尊重，为班级学生营造和谐的学习环境、生活环境。

8.在学生自主管理模式中凸显班干部的领头作用

辅导员应注重培养学生的自主管理能力，不仅要对学生进行相关培训，还要针对班级管理制定一些规则，如班级公约和奖罚制度等。为了提高学生自主管理效率，辅导员应注重充分发挥班干部的领头作用。为此，辅导员可构建以下班级管理体系：

（1）班长和副班长：班级管理的主要负责人。

（2）学习委员和科目代表：主管学习的核心团队。

上述这种班级管理体系能让尽可能多的学生参与到管理工作中。学生在某些方面可能是管理者，而在其他方面可能是被管理者。这样，班里的每个学生地位平等，都有自己的职责，互相约束，共同进步。在辅导员的指导下，全班学生都参与到班级管理中，这能够调动学生的积极性，确保班级的每件事情都有人处理，有助于提高班里每个学生的管理能力，使学生得到全面发展。班干部为整个班级的自主管理树立了标杆。班干部不仅仅执行班级规定，也为其他学生示范如何进行自我管理。班干部责任重大。为了确保班干部能够发挥领头作用，辅导员要及时鼓励他们、引导他们，让他们明确自己的任务和责任。在学生自主管理模式中，全班学生都参与到管理中，班干部的领头作用是关键的。辅导员要特别关注和支持班干部，确保他们能够发挥应有的作用。

（四）班干部管理方法

在班干部管理中，辅导员可实施班干部轮岗制。班干部轮岗就是让全班学生轮流担任班干部。辅导员可以先定岗，而后学生竞选上岗，组成第一轮班委。下一轮班委由个人自愿申报。然后师生根据申报人员情况及班级工作需要，讨论确定新一轮班委。班干部轮换周期可以由学生自定。

1. 班干部轮岗的意义

班干部轮岗制为班级的每位学生提供了展现自己的机会。辅导员通过实施班干部轮岗制，可以发现并重视那些容易被忽视的学生，无论他们是内向的还是外向的，他们都有自己的闪光点。这些学生一旦得到担任班干部的机会，就会更加珍惜这样的机会，并努力做好班干部的工作。

2. 班干部轮岗制的实施

班干部轮岗不仅是一种管理方式，也具有育人功能。班干部轮岗制能有效培养学生的组织能力、责任感及领导能力，为他们未来进入社会打下坚实的基础。班干部轮岗制具体实施方法如下：

(1)培养领导核心：选出初始的班委，确保班级工作在学期初能够稳定进行。随后，各小组的成员轮流担任班干部，而原班委成员则转为顾问和评委，被均匀分配在各小组中，以确保领导力量在全班平衡分布。

(2)分组与组阁：将全班学生按特长或兴趣分为5个小组，每组轮流负责2～4周的班级事务。小组内部根据小组成员特长（如研究能力、艺术创作能力、社交能力等），分配各项工作。小组应首先选出负总责的班长，确保各成员的职责明确并被公开。

(3)明确权责：小组成员应对工作进行详细记录，并在每周的团队会议上进行工作总结。同时，辅导员可授予小组一定的奖罚权力，这样既可以奖励表现出色的小组成员，也可以对不当行为施加惩罚。

(4)职位轮换：为确保学生获得全方位的经验与锻炼，当小组再次轮值时，应对原有职务进行重新分配，这样既能体现平等、公正，也能确保每个学生都能体验到不同的角色。

(5)评价与考核：在学期结束时，原班委成员作为评委对各小组的工作进行评估。该评分被纳入学生的德育量化考核，为学生提供宝贵的反馈。

为保证班级工作的顺利开展和学生发展的全面性，在班干部轮岗制实施过程中，应特别注意以下几点：

第一，新干部上岗前的培训和见习。新选出的班委在现任班委的带领下，参与班级管理，观察和学习班级管理。这可以让原班干部成为新班干部的实践教练，确保新班干部能够顺利地接替工作。

第二，轮岗过程中的随机指导。辅导员需要密切关注班级整体情况，了解每位班干部的工作情况，适时给予班干部引导和启示。这项工作在新班干部上岗的第一个月尤为重要。

第三，"下岗"后的人才开发和再发展。原班干部是珍贵的资源，他们的经验是宝贵的。辅导员可以设立助理辅导员的岗位，让原班干部继续发挥作用。新一轮的班干部可能会面临新的挑战，特别是那些较为内向的学生会面临更多的挑战。新班干部上岗时，助理辅导员的角色变得更加重要。

3. 应避免班干部轮岗形式化

班干部轮岗是促进全班学生全面发展的有效手段。要避免班干部轮岗形式化。

（1）实施民主选举与民主评议。在班干部选举之前，辅导员宣传民主选举的意义和各岗位职责，让学生了解班干部选举是一个公平竞争过程。在选举期间，允许候选人发表演讲并回答同学的问题，以此确保班干部选举透明和公正。在班干部任职结束后，辅导员组织班干部述职，让班干部向同学报告自己的工作，并接受同学的评价。

（2）注意班干部队伍的性别比例和类型比例。确保班干部男女比例合理。选举班干部时，除了注重学业成绩外，还要重视学生的其他才华，如团队合作能力、领导能力等。

（3）适当保留班干部骨干。在班干部轮岗时，辅导员考虑保留部分原班干部，确保班级工作的连续性和稳定性。

（4）关注"弱生"。每个学生都有权获得教育和锻炼。所以，辅导员应为那些在某些方面稍微落后的学生提供担任班干部的机会，让他们也能参与班级管理，让他们发现并克服自己的弱点。

（5）加强对班干部的培训。辅导员可组织培训班，为班干部提供指导和资源，帮助他们提高自己的能力。辅导员可让经验丰富的班干部与新班干部一同工作，实现"以老带新"。辅导员不仅要重视让班干部完成班级工作任务，也要重视他们的个人成长和发展。

为了确保班干部轮岗制的成功实施，辅导员应确保班干部轮岗是一个能够培养学生各种能力特别是领导能力和团队合作能力的过程。

三、学生的自主管理

党的二十大报告指出："全面贯彻党的教育方针，落实立德树人根本任务，培养德智体美劳全面发展的社会主义建设者和接班人。"在这一背景下，立德树人不仅是教育的核心任务，也是高等教育的重要目标。高校应重视学生各方面能力的培养。在人才培养过程中，辅导员的角色尤为重要。辅导员需要从传统的"牧羊人"角色转变为"领头羊"，引导学生自我管理，培养学生自主管理能力，真正实现立德树人。

（一）学生自主管理的特点

1. 民主性

学生自主管理需要全体学生参与。不论大事小事，辅导员都应鼓励学生参与决策、活动和评价，真正体现他们在班级中的主人翁地位。这种管理方式不仅能使学生感受到他们在班级中的价值和地位，还能鼓励他们积极关心和参与班级建设。学生自主管理符合学生的实际情况，容易被学生接受，能够达到良好的管理效果。

2. 公开与公正

班级管理应公开、公正，这有利于实现教育民主，使学生感受到平等和被尊重。班级管理应该有很高的透明度。全班学生对班级管理具有知情权。例如，班规细则的制定、学生的奖惩、班干部的选拔和分工等，都应当公开进行。这样的公开、公正的班级管理能够调动学生自觉参与和接受班级管理的积极性，提高管理效益，推动班级发展，促进学生全面发展。

3. 轻松与和谐

学生自主管理的班级中有明确的班级目标、清楚的班规，每个学生都明确自己的责任，学生的日常生活井然有序。这样的和谐、有序的班级使师生之间、同学之间更加亲近、相互信任。这样的轻松、互信、和谐的班级环境对学生的身心健康、个性发展以及潜能发挥都有促进作用。

（二）提高学生自主管理能力的策略

学生的自我管理能力体现在学习、生活的方方面面，包括自主规划能力、时间管理能力、情绪控制能力、解决问题能力及自我评价能力等。自我管理能力对学生的发展至关重要。较强的自我管理能力不仅能够帮助学生适应学习和生活的多种环境，还能显著提升学生的学习效率，促进学生获得学业成就，同时增强学生的自信与自尊，还有利于学生建立和谐的人际关系，增强学生的社会责任感。教师可采用以下策略来提高学生的自我管理能力。

1. 鼓励学生自主学习，适当指导

在大学阶段，学生的学习方式和需求与中小学有很大的不同。根据大学生的特点，教师应鼓励学生主动学习和探索，鼓励学生自主学习。教师应该为学生提供充足的自由空间，让学生在学习过程中更加独立和自主。这并不意味着教师对学生完全不进行管理，教师需要对学生的学习和行为进行适当监督和指导。

2. 培养学生的主体意识

教师应注意培养学生的主体意识，提高学生的自我认识，让学生深入了解自己的长处和短板，确立人生目标，明确自己的责任与义务，明确学习和生活的真正意义。这样，学生能够为自己制订切实可行的计划，确立学习目标、职业目标，并依据个人实际情况对自己的计划和目标做出调整和完善。教师还应鼓励学生积极参加各类活动。通过参加各种活动，学生不仅能提高自我管理能力，还能提高人际沟通技能和适应新环境的能力。

3. 倡导开放式教学

开放式教学强调为学生营造自由、宽松的学习环境。这种学习环境

有助于增强学生学习的主动性，培养学生的创新意识，促使学生更高效地掌握知识。紧张、压抑的学习环境可能会限制学生的思维活跃度和创造力。教师应进行开放式教学，为学生提供鼓励探索、鼓励提问和鼓励创新的环境。这样，学生不仅可以在学术上取得进步，还可以提高自主管理能力。

4. 灵活运用多种教学方法

为了更好地培养学生的自主管理能力，教师应采用灵活多变的教学方法。学生的学习需要和兴趣是多样化的。教师如果固守传统教学方法，难以适应当前学生的需求，可能导致学生的学习兴趣下降，还可能导致学生对学习产生抵触情绪，影响他们自主管理能力的提高。教师应根据学生的学习状态和反馈，及时调整教学策略，灵活运用教学方法。教学方法多样化不仅有利于激发和保持学生的学习兴趣，还有利于学生在各种教学情境中提高自主管理能力。

5. 提高学生的道德修养

提高学生的道德修养，能促使学生自觉用道德标准约束自己，有利于提高学生的自主管理能力。具体而言，教师应注重培养学生的社会责任感和义务感，让学生自觉遵守学校纪律、法律法规，培养学生良好的道德品质。

6. 增强学生的心理素质

增强学生的心理素质，有利于增强学生的自我心理调节能力，有利于增强学生的自我管理能力。学生有较好的心理素质，就能够保持心态平和，积极面对生活，有信心迎接各种挑战，具备承受挫折和应对危机的强大意志力。

（三）班级组织建设

班级组织建设是学生自主管理的基础。班干部应经学生民主推荐和竞选产生。这有利于保障学生的民主权益。各班干部需要明确分工并协同工作。

1. 民主选举

班干部和团干部的选举应在学生相互认识和了解的基础上进行。实施差额选举，并对选出的干部进行职责分工。其中，班长和团支部书记的人选尤为关键，应是大家信任、有能力、乐于为大家服务的学生。

2. 明确职责

（1）班委会：主要负责组织班级活动，协调学习与休闲，维护学生之间的和谐关系。

（2）团支部：负责班级内的政治教育和宣传工作，如组织相关主题活动。

（3）班长：作为班级的代表和发言人，不仅需要协助辅导员，还需要确保班级的稳定、和谐，使班级各项活动顺利进行。

（4）团支部书记：主要负责班级内的团组织活动，对团员进行思想教育和引导。

（5）学习委员：营造良好的班级学习氛围，就课程与老师沟通，组织学习交流活动。

（6）劳动委员：负责班级的公共区域整洁，如自习室或班级储物柜。

（7）生活委员：关心同学的日常生活，如组织班级聚餐、生日庆祝等。

大学生具有较强的自主性和创造性。学生干部不仅要负责班级管理，还应鼓励同学参与决策，使管理工作更为民主和有效。例如，考勤、班级活动、学术交流等都应由学生干部引导,但这些活动真正开展应以班级学生的意愿为导向。

(四)使学生成为真正的班级主人

辅导员引导学生进行自主管理,使学生真正成为班级的主人,能够使班级管理事半功倍,提高管理效率。要实现学生自主管理,辅导员应给予学生充分信任和鼓励。辅导员可以让学生从小事做起,独立完成班级管理工作,通过实践逐渐增强他们的管理能力和自信。同时,辅导员应将班级事务决策权交给学生。学生需要深切地体会到责任的重要性,全身心投入班级事务管理。辅导员的角色应从指挥者变为指导者和协助者,应该在宏观上为学生指明方向,在微观上为学生提供必要的指导和帮助。

一些大学已经开始尝试实施学生自主管理模式,通过更加灵活和开放的方式,鼓励学生积极参与班级事务管理,培养学生的责任心和管理能力。这不仅有利于学生成长,也更符合现代教育理念和社会需求。推动学生自主管理,不仅是为了他们的个人发展,也是为了营造和谐、充满创新活力的大学环境,培养出满足社会需求的高级专门人才。

(五)班级舆论管理

班级舆论管理是营造和谐、积极班级氛围的关键,影响着学生的心态、行为和学术进步。班级舆论管理的目的是培养学生自控、自主学习、协作和自我约束的能力。关于班级舆论管理,有三点必须注意:

1. 集体主义教育

集体主义教育是营造良好班级氛围的基石。辅导员对学生进行集体主义教育,强化学生的集体意识和班级荣誉感,有助于增强班级凝聚力,使全班学生团结、合作,共同为班级目标努力。

2.价值观引导

辅导员可利用各类活动,如讨论、班会、团会等,对学生的思想和行为进行全面分析,引导学生树立正确的价值观。当学生面临各种诱惑时,正面的班级舆论、正确的价值观能帮助学生做出正确选择。

3.运用宣传工具

辅导员可使用黑板报、墙报、班级小报等宣传工具,对社会热点问题进行深入分析,对学生进行正向引导。利用这些宣传工具,不仅可以宣传正确的价值观,还能赞誉那些对班级有贡献的学生,进而鼓励所有学生追求积极、健康的生活态度。

班级舆论管理是确保班级健康发展的重要手段。教师、班干部和其他学生应共同努力,营造积极、和谐、有助于学术进步和个人成长的环境。

(六)量化考核

量化考核的目的是确保班级管理公正、客观,并奖励和惩罚学生行为,培养学生的责任感和集体观念,促进整个班级和谐发展。

1.学生操行评定

每个学生的起始基础分均为100分,作为评价的基准。加分项是针对学生在学习、课堂参与、班级活动、社会活动等方面表现出色或为班级做出贡献(如在运动会上获得名次)的考核项目。如果学生在这些方面表现好,则应给予学生相应的加分。扣分项是针对学生违反班规、校纪等不良行为的考核项目,按学生不良行为的严重程度扣除相应分数。扣分项应公开并得到大多数学生的支持与认可。

2.考核的应用

操行分将成为评选班级优秀学生、综合评定奖学金的重要依据。辅导员应鼓励全班学生参与制定和完善量化考核制度，增强学生的参与感，增强班级凝聚力。在进行量化考核时，必须公正对待每一个学生，确保没有偏见和不公。所有加分、扣分的情况都应该公开、透明。应让学生了解考核的标准和自己的得分。这种考核方式有助于营造积极的班级氛围，鼓励学生积极参与班级管理和班级活动。

量化考核既是一种管理方式，也是培养学生综合素质的一种方式，旨在激励学生遵守规章制度、积极参与班级活动，使学生成为有责任心、自觉遵守纪律的优秀个体。

（七）评选优秀大学生

优秀大学生评选已成为高校的一项重要活动。优秀大学生评选不仅是对学生学习成果的认可，也能引导学生明确自己的成长方向，使学生树立正确的价值观，促进学生自主学习能力的提高。正确的评选标准和评选程序可以激励学生积极参与评选，促进学生成长。优秀大学生评选是一个较为复杂的过程，工作人员需要做好以下工作。

1.明确评选标准

确保优秀大学生评选的客观性和公正性是评选的首要任务。不同的评价类别都应该有明确且具体的标准。例如，"学习之星"可能主要依据学期成绩、课堂表现和学习主动性来评选，"道德模范"需要根据违纪次数、同学评价等来评选。

2.进行全面评价

使学生获得全面发展是教育的核心目标。对学生德、智、体、美、劳等方面的表现进行全面考量，可以确保评价的全面性。

3. 使评选公正、透明

应确保评选公正、透明，激励学生追求卓越。每位学生都应该清晰地了解评选标准和评选程序。多元化评价可以进一步增强评选的公正性和客观性。同学评价、老师评价以及学生自我评价，都是评价的重要方式。

4. 将物质奖励和精神鼓励相结合

物质奖励和精神鼓励都对学生有激励作用。利用合适的奖励机制，可以进一步鼓励学生积极参与评选，鼓励学生在平时积极进取。

5. 定期评选

周期性的评选不仅可以给予学生更多展示自己的机会，还可以让学生发现自己的进步，激励学生不断进行自我挑战。

6. 激励学生努力

对于没有被评为优秀大学生的学生，应给予他们建设性的反馈，肯定他们的明显进步和努力，帮助他们找到成长的方向。这样的激励机制可以鼓励更多学生参与公平竞争。评选不仅是为了表彰学生，也是为了给学生指明前进的方向，激励学生不断努力。

7. 创设特殊奖项

根据班级特色和学生特点，可以设立特殊奖项，如"团队合作之星"或"最具创新思维奖"，以此鼓励学生。

8. 将评选与班级活动相结合

将评选与班级活动相结合，不仅可以在更多的场合表彰获奖学生，让更多的学生得到表彰，还有助于增强班级的凝聚力。

优秀大学生评选不只是对学生进行奖励，也承载着教育者对学生的期望和关怀。明确、多元、公正的评选不仅可以表彰和激励学生，也有助于提高他们的自主学习能力，使他们在未来的生活和工作中能够有出色的表现。

（八）学生提高自主管理能力的努力方向

1. 修正行为，养成自主学习习惯

学生步入大学，面临的是全新的学习环境和社交环境。学生可以把开学的第一周设定为"习惯养成周"，学习《大学生日常行为规范》，了解学校的具体要求，了解班级纪律。学生在学习礼仪和行为规范时，不仅要知道怎么做，还要了解为什么要这么做、怎样去实践。同时，学生应积极参加班级文化建设，如美化教室、制作专题墙报、召开特色班会等，铭记大学生行为准则和礼仪要求。

养成良好习惯是一个漫长的过程，不可能仅仅在开学第一周就达到完美的效果。但开学第一周作为"习惯养成周"，至少可以帮助学生快速适应大学的生活节奏，帮助学生了解并遵守学生行为规范。随着时间的推移，大部分学生能够在教育者的引导和提醒下，逐渐从被动遵守行为规范转变为主动实践。对于学生的不良行为或习惯，教育者应该耐心进行纠正，用事实和充分的理由来说服学生，并结合实际案例来强调良好习惯对他们的长期益处。学生了解自己的不良行为和不良习惯之后，应积极修正自己的行为，努力养成良好的行为习惯和学习习惯。这些好习惯将对学生的未来生活和职业发展产生深远的影响。

2. 正视自己，增强主体意识

在大学生涯中，学生增强主体意识、树立正确的价值观是非常重要的。学生应该认识到，他们是班级的成员，对班级来说他们每个人都很重要。面对班级时，学生可以自信地想："我很重要！"这种信念可以帮助学生更积极地参与班级的自主管理，使学生从"他律"向"自律"转变。高校可以开展"星级评比"这样的活动，评价学生多方面的表现，如学习态度、课堂纪律和团队协作。这样的评比不仅能为优秀的学生提供认可，也能激励其他学生为班级荣誉而努力。学生积极参与学校的各类活动，也能增强主体意识。学校的活动能帮助学生深刻体验到，他们每个人为班级所做的努力都关系到班级荣誉。

3.发展自己，提高管理能力

在大学中，学生不仅要学习知识，也要学会管理自己，增强自主性。教师不仅传授知识，也教会学生思考、自我管理、独立解决问题。班委会成员应当发挥领导作用，为其他学生做出榜样，引导其他学生做好自我管理。班委会不仅应该表扬那些做得好的学生，还要对那些有不恰当行为的学生进行指导和批评，使整个班级朝着正确的方向发展。

4.挑战自己，锐意进取

在大学，学生应积极挑战自己，走出舒适区，探索未知的领域。学生不断地挑战自己，有助于增强自信心、决断力和适应性。高校应为学生提供各种实践机会与资源，例如，设立不同的工作坊、组织竞赛，使学生尝试参加不同的实践活动。这不仅能帮助学生积累实践经验、提升技能，也能增强学生面对问题和决策时的信心。挑战自己不是单纯地追求目标，更重要的是在挑战自己的过程中进行思考，了解自己，提高自己的各方面能力。

5.不断学习，追求卓越

大学阶段是学生成长和发展的关键时期。学生应努力学习，不断丰富自己的知识，提高自己的能力，追求学术、社会活动、职业发展等方面的卓越表现。

第三节 融合创新的高校学生管理策略

一、现代教育理念与学生管理的融合

（一）现代教育理念

现代教育理念包括以人为本理念、全面发展理念、素质教育理念、主体性教育理念、个性化教育理念、开放式教育理念、多样化教育理念、和谐发展理念和系统性理念等。

1. 以人为本理念

现代教育应全面体现以人为本理念，将关心、理解、尊重和培养人放在首位。教师不仅要关注学生的现实需求和未来发展，也要挖掘学生的潜能，培养他们的自信心和独立精神。教师不仅要注重传授知识和技能，还要注重培养学生的自我发展能力，使学生在未来能提高生活质量。

2. 全面发展理念

现代教育的主要目标是促进每一个学生全面发展。在宏观层面，教育旨在提高全民族的文化素质和创新能力。在个体层面，教育帮助每个学生在各个方面都得到发展。为了达到这一目的，教育应面向大众，为学生提供全面的支持。

3. 素质教育理念

素质教育在现代教育中占据了重要的地位。素质教育强调知识与能

力、素质的整合和相互作用，强调培养学生的实践能力和全面素质。素质教育的主要目标是帮助学生学会学习，提高学生的综合素质，从而提高学生的整体发展水平。

4. 主体性教育理念

现代教育强调学生的主体性。主体性教育理念强调学生的中心地位，并看重学生的潜能和学习动力。主体性教育理念认为，教育的过程应该是学生自主、自觉活动的过程，鼓励以学生为中心的活动和实践，提倡使用能增强学生自主性的、有趣的教育方法，从而激发学生的学习热情和兴趣。

5. 个性化教育理念

在知识经济时代，创新和个性非常重要。个性化教育理念重视学生的个性差异，鼓励每个学生获得独特发展。个性化教育理念认为，每个学生都是独特的，所以应该为学生提供不同的学习方法和评估标准。在这种教育理念下，教师在教学中为学生营造个性化的学习环境，鼓励学生展现他们的独特才能，并采用适合每个学生的教育方法，支持学生的个性化发展。

6. 开放式教育理念

在经济全球化的世界中，开放式教育理念变得越来越重要。这种理念强调教育国际化、社会化，积极吸纳全球的知识和经验，重视终身学习，鼓励学生从课堂走向社会，使学生获得更多实践经验和网络学习资源。同时，教育资源、内容和评价也需要具有开放性。这样，高校可以更好地应对时代的发展和社会需求，使学生的学习内容更贴近实际职业需求。开放式教育理念追求的不仅仅是知识的传递，更是培养学生的开放心态和创新思维。

7. 多样化教育理念

多样化教育理念认为，不同的学生有不同的学习需求，因此教育方式、目标、管理和评价都应该具有多样性。多样化教育理念强调为每个学生提供适合他们的学习资源和环境，同时赋予高校更大的自主权，使高校能够根据实际情况灵活调整教育方法和教育策略。多样化教育理念更加注重培养学生的批判性思维能力和独立性，鼓励学生在多种情境下进行学习、寻找适合自己的学习方式和路径。总的来说，多样化教育理念追求的是更加人性化、灵活、有针对性的教育方式。

8. 和谐发展理念

和谐发展理念强调的是，教育不仅仅是传授知识的过程，也是促进学生全面发展的过程。为了确保学生全面发展，需要营造和谐、融洽的教育环境。这种教育环境有利于学生身心健康，有利于激发学生的探索欲望，培养他们的创新思维能力。教师与学生的相互尊重、教学内容与教学方法的选择、学校与社会的融洽互动，都充分体现了和谐发展理念。这些元素相协调，有利于高校有效地育人，培养出有理想、有道德、有文化、有纪律的公民。

9. 系统性理念

系统性理念强调教育不是一个孤立的领域，而与社会的各个领域密切相关。高校管理者应从宏观的角度看待教育，认识到教育的每一个环节都与整个社会体系相互影响、相互作用。为了有效地推进教育改革，高校管理者必须有系统的、全局的视角，确保教育的各个环节相协调、形成一个有机整体。教育不仅涉及学校和学生，还与家庭、社区、政府和其他社会组织密切相关。家庭、社区、政府和其他社会组织都应该参与教育的过程，以确保教育的有效性和持续性。系统性理念也强调对教育的目标和方法进行全面的思考，确保它们都能满足社会的需求，培养出既有知识、技能又有人文素养和社会责任感的人才。

（二）高校学生管理中融入现代教育理念

在当前时代背景下，高等教育已经经历了前所未有的改革。技术进步改变了教育方式，学生的需求和期望也发生了变化。因此，高校学生管理也需要与时俱进。新时代高校学生管理应融入现代教育理念。

1. 鼓励创新，提高教育品质

（1）培养学生创新能力。鼓励不同学科间的交流与合作，确立跨学科创新项目，促进学生拓宽知识视野，培养学生创新思维能力，为学生提供实验和创新的空间，鼓励学生自主研究、试验，激发学生的创新热情。引入新的教学方法，开展在线教育、混合式学习等，提高学生的自主学习能力。

（2）促进学生个性化发展。运用人工智能技术，为学生提供适合其学习风格和兴趣的课程与资源。为学生提供一对一的咨询服务，根据他们的职业规划，帮助他们设计专属的学习路径。为学生提供多样化学习平台，如MOOCs、网络研讨会和工作坊，确保学生可以根据自己的学习进度进行个性化学习，使学生获得个性化发展。

（3）优化教学资源。整合学校内部和外部的学习资源，为学生提供丰富的学习资料。采用云技术构建的智能课堂可以为学生和教师提供更加便捷、高效的学习方式与教学方式。鼓励教师和学生共享高质量的教学资源，形成开放、共享、互助的学习社群。

2. 实施素质教育，培养学生的综合能力

（1）注重实践。高校可通过真实或模拟的项目，让学生在实际操作中掌握更多的知识和技能；鼓励学生进行课题研究，培养学生的独立思考能力和解决问题的能力；为学生提供各种工具和设备，鼓励学生自主创造和实践；鼓励学生参与社区服务，培养学生的社会责任感和公民意识；通过学术交流、海外实习等，拓宽学生的国际视野，培养学生的跨文化沟通能力；与企业和其他社会组织合作，为学生提供丰富的实习机会，帮助他们更好地了解和融入职场。

（2）培养学生的综合能力。高校可通过团队项目或模拟业务场景，培养学生的团队合作精神和沟通能力；为学生提供领导技能培训和实践机会，培养学生的领导能力；教授学生进行有效沟通、公共演讲、冲突解决等的重要社交技能。

3.实施人性化教育，关注学生发展

（1）建立关爱机制。为每位学生指派导师，为学生提供学术、职业、生活等各方面的指导和帮助。开设健康教育课程，教授学生健康饮食、运动锻炼、精神健康等方面的知识。为学生提供住宿、饮食、交通等方面的生活辅导，确保学生的生活安全、舒适。

（2）丰富学生的课余生活。组织各种文化艺术活动，如音乐会、画展、戏剧表演等，丰富学生的精神生活。为学生提供各种体育设施，开展体育活动，鼓励学生积极参与体育活动，让学生锻炼身体、放松心情。鼓励学生创建或加入各种文化小组，如摄影小组、舞蹈小组、手工艺小组等，培养学生多方面的兴趣和爱好。

高校学生管理不仅要适应社会发展的需求，也要注重学生的素质发展和个性化发展。除了鼓励创新、实施素质教育和人性化教育，高校还需要不断完善辅导员管理机制和学生自我管理等，让学生真正健康、快乐地成长。

二、创新创业教育与学生管理的融合

在知识经济时代，人的创造力是无限的、有价值的资源。教育的目的不仅包括传授知识,也包括培养学生的创新精神和创新能力。同时,创业教育也成为教育的一个重要组成部分,旨在培养学生的创业意识和创业能力。高校实施创新创业教育,有利于培养具有创新能力和创业能力的人才。随着经济的高质量发展,创业环境日益优化,这为大学生提供了广阔的发展空间。大学生创业者是推动经济发展、服务社会、实现个人价值的重要群体。他们的行动与决策会影响到新兴产业的生态、高校与社会的联结。大学生创业者应具备全面的创业素质。高校将创新创业教育与学生管理相融合,既能提升学生管理效果,又能培养学生的创新创业能力。

(一)学生的创新创业核心素养

1. 创业能力

随着经济的发展和科学技术的不断进步,大学生创业逐渐成为一种趋势。对于有志创业的大学生而言,创业能力的锻炼尤为关键。创业能力包含以下几方面因素。

(1)创业基本功。成功的创业者离不开坚实的知识基础和专业技能。大学生创业者不仅要对特定行业有深入了解,也要了解财务管理、市场策略、法律法规等方面的商业运营知识。高校的创新创业教育应注重学生创业基本功的培养,使学生在毕业后能够独立、高效地运营自己的企业。

(2)创新意识。在快速发展的时代,持续创新是创业成功的关键因素。学生需要具备敏锐的市场洞察力,能够捕捉到时代发展信息和新的商业机会。大学生创业不仅仅要开一个公司,也需要对市场有独特见解,对自己的未来有设想。

(3)实践能力。理论知识固然重要,但创业更需要实际操作的经验。高校应鼓励学生参与与创业有关的实践活动,如创业大赛、实习或与企业家进行互动,以便学生更好地应对创业的实际挑战。

大学生创业,不仅需要具备业务能力和知识,还需要具备良好的创业心态。高校正是为学生提供创新创业教育的理想之地,能够帮助学生为未来的创业做好准备。

2. 社会认知

在当今社会,个体创业的难点之一是对外部环境的准确判断和对内部资源的高效利用。学生社会认知能力的培养成为创新创业教育中不可或缺的一部分。社会认知能力包括社会洞察力、资源整合能力、创业策略三个方面。

(1)社会洞察力。想要在创业领域立足,首先要对所处的社会环境有深入的了解,如对国家的创业政策、行业动态、技术发展等有清晰、系统的认识。此外,学生还需要洞察未来的经济发展趋势,对市场有一定的敏感度。这样,学生在创业初期,就可以站在广阔的视角,进行商业模式的设想和战略规划。

(2)资源整合能力。除了对外部环境的认识,学生还要根据自身条件,进行资源整合。学生要了解自己的优势和劣势,发掘身边的机会,识别潜在的风险。如果学生能够结合自身实际,找到适合自己的创业点和创业路径,那么创业成功的可能性会大大提高。

(3)创业策略。对知识和资源的掌握只是创业的起点。制订创业策略、找到市场定位、制订营销方案等,都是学生需要在学习过程中积累的经验。有了这些经验,学生在面对市场的变化时,可以迅速做出决策,找到很好的应对策略。

3. 创业取向

在当前的经济环境中,大学生创业已经成为社会关注的焦点。为了能够在商业世界中成功立足,学生需要注意以下几点。

(1)确定创业方向。对于创业者来说,确定正确的创业方向是成功的基石。学生应该具备敏锐的市场洞察力,能够准确地察觉并把握社会和经济发展中的商机。学生需要有坚实的行业知识基础、明确的个人奋斗目标以及对市场发展趋势的敏感洞察。

（2）筛选项目。在众多的商业想法中，选择一个具有实际可行性和潜在盈利能力的项目是关键。学生需要具备市场分析能力，能够评估项目的潜在风险与回报，以确保所选择的创业项目既实际又具有潜在的成功机会。

（3）实施项目。选定了创业项目后，实施创业项目是接下来的挑战。创业者需要与各方合作伙伴、投资者或客户沟通、谈判，确保项目稳定运行。因此，沟通与谈判技能在这一阶段变得尤为关键。高校在实施创新创业教育时，不仅要教给学生理论知识，还要培养他们实际应用这些知识的能力，培养他们的沟通、谈判技能，以确保他们在真实的商业世界中能够成功立足。

4. 自我发展能力

在竞争激烈的商业环境中，创业者不仅需要创立企业，也要确保企业在未来能够持续、稳定地运作和发展。在这一点上，自我发展能力尤为关键。为了在创业过程中不断前进、获得成功，大学生需要不断强化自我发展能力。为此，大学生需要注意以下几点。

（1）持续学习。当前的商业环境日新月异，技术、市场和消费者需求都在不断变化。为了在这样的环境中立足，大学生创业者需要不断地学习新知识、新技能，以便及时适应市场的变化。

（2）反思与调整。成功的企业家通常具备较强的自省能力。他们会定期对自己和企业进行反思，找到存在的问题，并及时解决问题，以确保企业始终处于最佳状态。

（3）人际关系网络建设。一个强大的人际关系网络对企业家来说是无价之宝。大学生在创业初期应该重视与行业内外的专家、合作伙伴、投资者和其他创业者建立联系，以便在需要的时候获得支持和帮助。

（4）心态调整。创业者在创业的过程中可能会遇到各种困难和挑战。面对困难和挑战，大学生创业者需要调整自己的心态，保持乐观、坚忍，不轻易放弃。

（二）培养学生创新创业能力的策略

1. 强化管理

高校应从培养学生的创新意识、创业精神、创新创业能力出发，拓宽学生创新创业的视野，培养学生的创新创业核心素养，以"大众创业、万众创新"为方向，为我国经济的发展培养真正具有创新能力和创业能力的人才。在满足一定办学条件的基础上，高校应将创新创业教育放在更高的层次，适应新时代经济和社会发展的需求，建立并完善创新创业管理体系，这包括建立创新创业孵化基地，注重理论与实践的结合，并在制度、机制、财力、物力和人力资源等方面为创新创业教育提供有力的支持。高校需要加大宣传创新创业的力度，利用各种媒体渠道，营造支持和鼓励创业的校园文化环境。此外，高校可以邀请行业内的成功企业家和杰出的创业者到学校分享经验，为学生和教师提供学习机会和榜样。对学生的创业能力进行全面的评估非常重要。评估者不仅要考查学生的知识和技能，还要考虑他们在道德、情感和意志等方面的表现。评估内容应以学生的创业实践成果和在创新创业大赛上的表现为主，将理论知识和实践有机结合在一起。

2. 将理论和实践相结合

高校应从培养方式、课程设置、教学手段和方法、师资队伍建设、实践场所等多个方面，以培养学生的创新精神和创新创业能力为基础，构建以人为本的、理论和实践相结合的教学体系。

（1）培养学生的创新精神和创业能力。高校应以专业性和特色化为导向，构建课程体系，将创新创业与工程实践相融合；在校企合作的基础上，将创新创业教育纳入各学科的实践教学，鼓励学生在实习期间对行业进行深入调研，使学生深入了解企业的生产和发展趋势，为学生的未来创业打下坚实基础。

（2）将实习与创业结合。高校应为学生提供模拟创业的实习环境，将学校内的实习基地与企业紧密结合，为学生创设创业孵化基地，让学生在教师指导下进行创新创业模拟实践；组织各种创新创业活动，以促进学生专业技能和创业能力的全面提高。

（3）加强双师型教师队伍建设。高校应加强对具备创新创业经验的双师型教师的培训，鼓励教师参加创新创业活动，积累实践经验。另外，高校可邀请创业成功者和创意人才担任兼职教师，建设由专职教师和兼职教师组成的双师型教师团队；引入创业项目，鼓励教师采用项目导向教学法、任务驱动教学法和案例教学法等教学方法，结合实际对学生进行创业指导，确保创新创业教育的实用性和有效性。

3. 因材施教

（1）实行循序渐进的教学模式。在大一，开设创新创业教育课程，重点培养学生的创造性思维能力。在大二，结合基础、主干课程，强化学生的职业能力，加深学生对社会和企业家精神的理解。在大三，将创新创业能力培养与顶岗实习相结合，注重培养学生的自主性和实践能力。这样，不同年级的理论学习与实践交替，形成循序渐进的、系统的创新创业能力培养机制，为学生的创新创业打下坚实基础。

（2）实施差异化的教学策略。对于创新创业能力较弱的学生，重点进行创业基础知识和职业技能培训，培养他们的创造性思维能力和创业能力。对于具有一定创新创业能力的学生，鼓励他们参与创业活动，培养他们基本的创新创业能力。鼓励具有创新精神和创业精神的学生参加国家级、省级的创新创业竞赛，培养他们的创业意识、创新创业能力。根据学生的创业素质和需求，为他们提供个性化的教育和培训，确保每个学生都能获得适合自己的创新创业培训。

（3）营造鼓励创新的教学环境。高校应适时更新教学设施，采用先进的教学手段，为学生营造有利于创新思维发展的学习环境，鼓励学生勇于创新，为未来创业做好准备。

（三）学生干部培养融入创新创业教育的必要性

1. 提高学生干部的解决问题能力

创新创业教育注重培养学生的创新思维能力和创业能力，鼓励学生独立思考、不断创新。创新思维能力在学生干部的日常工作中是至关重要的。学生干部遇到问题时，可以利用创新思维寻找具有创新性的解决问题方案。

2. 拓展就业途径

大学生面临一定的就业压力。实施创新创业教育，培养学生干部的创新创业能力，不仅可以增强他们自主创业的意愿和能力，拓展他们的就业途径，还可以使他们在未来的职业生涯中具备随机应变的能力。

3. 增强学生干部的自我管理能力和组织能力

创新创业教育要求学生对自己的项目或事业负责。将创新创业教育融入学生干部培养中，可以帮助他们增强自我管理能力，使他们更好地组织和领导团队、确保团队目标达成。

4. 激发学生干部的社会实践活力

在组织社会实践活动时，学生干部可以利用创新创业思维设计新的活动形式，更好地满足学生的需求，为大家提供更有价值和意义的实践活动机会。

5. 加强综合素质培养

在学生干部培养中融入创新创业教育，不仅可以培养学生干部的创业能力，还可以培养他们的团队合作能力、沟通能力、领导能力等多方面的能力，从而提高学生的综合素质。

6. 推动高校文化建设

学生干部具备创新思维能力和创业能力，会更有可能成为高校文化建设的推动者，将创新创业的理念传递给更多的学生，营造鼓励创新和创业的校园氛围。

将创新创业教育融入学生干部培养中是至关重要的，不仅可以帮助他们在未来更好地应对职业挑战，还可以培养出一批具有创新意识和实际行动能力的学生领导者。

（四）创新创业视角下学生干部培养和管理的策略

创新创业教育对学生干部的培养非常重要。高校管理者和教师应认识到创新创业教育的重要性，在开展相关工作的时候，将创新创业教育落实到学生干部培养中，切实提高学生干部的综合素养，帮助他们更好地成长。

1. 完善学生干部培养制度

完善学生干部培养制度要从选拔标准、选拔机制、管理机制、培养机制、监督机制、评估机制、激励机制诸多方面做好工作。

（1）明确学生干部选拔标准。

①基础能力。学生干部必须具备良好的组织协调能力、沟通能力、团队合作能力和领导才能。

②创新创业意识。在当前高速发展的时代，创新创业意识被视为非

常重要的品质。高校学生干部应具备创新思维能力、前瞻性的思考能力、勇于尝试和实践的勇气，能够敏锐捕捉到新的机会并付诸行动。

③实践经验。在选拔学生干部过程中，应优先选择那些具有创业经验或相关创新项目经验的学生，因为他们更可能已经展现出了实践能力和解决问题的能力。

（2）完善学生干部选拔机制。在选拔学生干部时，除了看重学生的学术成绩和基础技能，也应注重学生思维的活跃度，看学生是否具备创新思维，是否敢于尝试新事物。另外，在选拔学生干部过程中，应结合面试和实践活动，真正检验学生在实际操作中的组织协调能力、创新能力和团队合作能力。除了老师和辅导员的评价，还可以邀请同学、社团组织和外部合作伙伴等给予学生评价，从而对学生进行全面的评估。对于选拔出的学生干部，高校应为他们提供持续培训和指导，帮助他们提高自己的能力，使他们更好地履行自己的职责。对于学生干部的选拔和培养，应从多方面进行考量，确保学生干部既具备较强的基本能力，又有足够的创新意识和实践经验，从而真正发挥学生干部的作用，推动学校的各项工作顺利进行。

（3）完善学生干部管理机制，建立信息反馈系统。高校学生干部是联结学校与学生、教师与学生的桥梁，其作用尤为关键。为了确保学生干部能够更好地发挥作用，高校应注重培养学生干部的各种能力，如基本的组织能力、团队协作能力、创新创业能力等；鼓励学生干部主动提出建议和创意，确保信息的双向流通，使学校管理层能够及时了解学生的需求和想法；为学生干部提供与创新创业相关的书籍、课程和讲座，助力他们自我进修；鼓励学生干部与创业团队、社团等进行交流与合作，分享经验和资源，拓宽视野，同时给学校带来更多的合作机会和教育资源。总之，高校管理层应注重与学生干部的沟通与合作，确保学生干部既能够得到个人的成长，又能为学校的发展做出贡献。

（4）完善学生干部培养机制，定期组织培训。高校可定期组织学生干部培训,以确保学生干部在知识和技能上都能够保持与时俱进。学生干部培训不局限于传统的团队建设和领导力培训,还应涵盖创新创业所需的关键技能培训,如思维导图制作培训、项目管理培训和市场分析培训等。高校可与企业建立合作关系,为学生干部提供实习机会,让他们在实际工作中学习和锻炼。此外,高校还可以鼓励学生干部参与到高校与企业的项目合作中,从而使学生干部获得宝贵的实践经验;利用学校的资源,邀请创业成功的校友或知名企业家来校举办讲座或研讨,也可以让他们成为学生干部的导师,为学生干部提供一对一的指导和建议,这不仅可以帮助学生干部解决具体问题,还能为他们提供宝贵的人脉资源。这样的培养机制不仅能为学生干部提供系统的知识和技能培训,还能为学生干部提供大量的实践机会和与成功人士交流的平台。这不仅有助于提高学生干部的能力,还能培养他们的创新意识和创业精神,为他们未来的发展奠定坚实的基础。

(5)完善学生干部监督机制,明确学生干部的职责。高校管理者需要确保每位学生干部都清楚自己的职责和任务。为此,管理者在分配任务时,要让每位学生干部都知道自己需要完成的工作内容、工作要达到的标准和完成工作的期限。管理者需要对学生干部的工作进行定期检查(如周检查、月检查或基于项目的检查),确保每一项工作都符合制度要求、按期完成并达到预期效果。除了日常的工作检查,管理者还需要对学生干部的工作效果进行定期评价,如对学生干部工作成果的评价、对学生干部的态度和平时表现的评价。评价结果可以用来确定学生干部的培训需求、奖励等。评价后,管理者需要及时给予学生干部反馈,无论是正面的鼓励,还是针对学生干部工作中出现的问题的指导。这可以帮助学生干部及时了解自己的优点和缺点,使他们找到改进工作的方向。管理者利用这样的监督机制,可以确保学生干部的工作始终在正确的轨道上,及时发现并解决问题,持续提高学生干部的工作质量和效率。这也有助于培养学生干部的责任心、创新能力和团队协作精神,为他们未来的职业生涯打下坚实的基础。

（6）完善学生干部评估机制。在学生干部培养和管理过程中，评估是一个重要环节，能够判断学生干部是否真正实现了工作目标，并为学生干部下一步改进工作提供参考。建立科学、公正、客观的评估机制尤为关键。高校可以让学生干部对自己的工作进行定期的自我评估。这不仅能够培养学生干部的自我反思能力和批判性思维能力，还有助于学生干部明确自己的工作方向和需要改进的地方。同级评价可以真实地反映学生干部的工作交流与协作情况，帮助学生干部了解自己在团队中的表现。跨级评价是上级对下级的评价，既可以让高校管理层更好地了解学生干部的工作情况，也可以让学生干部更清楚上级对他们的期望和要求。学生干部评估不仅仅是对工作过程的考察，也关注最终的工作成果。这意味着评估者在评估时不仅要看学生干部在工作过程中的努力，也要看他们的努力带来的实际效果。鉴于创新意识和创业意识是选拔学生干部的标准之一，评估者在评估时应重点关注学生干部在创新创业方面的表现，如他们是否有创意和建议，是否能够与创业团队、社团有效合作，他们为促进创新创业做出了哪些实际贡献。学生干部评估不仅要公正、客观，还要具有前瞻性和针对性，确保学生干部在收到评估结果信息后能够得到真正的成长。

（7）完善学生干部激励机制。在学生干部的培养和管理中，激励机制具有重要作用。高校采用合理的奖励方式，可以调动学生干部的积极性，充分发挥他们的创新能力和领导才华。对于工作出色的学生干部，高校可以为他们提供奖学金，或减免一部分学费。这种明确的物质奖励不仅能够减轻学生干部的经济负担，还能够鼓励他们更加努力地工作。学生干部在创新创业方面做出突出贡献时，高校应当对学生干部进行表彰，例如，颁发证书、勋章或在学校报纸、网站上发布新闻。此外，高校还可以与外部媒体合作，将表现突出的学生干部推广至更广泛的领域，增强他们的社会影响力。高校还可以为学生干部提供其他非物质奖励，如为学生干部提供优先参加各种学术活动、交流活动或研讨会的机会，这既可以拓宽他们的视野，也可以扩大他们的社交网络。高校应当将物质奖励和非物质奖励相结合，鼓励学生干部在各个方面都有所发展，使他们为学校和社会做出更大的贡献。

2. 培养学生干部的创新创业能力

要培养学生干部的创新能力，就应培养他们的独立思考能力，开展批判性思维训练。高校可开设专门的课程和工作坊，让学生干部学会评估信息、辨别事实与观点、识别逻辑谬误等；组织固定的辩论或讨论，使学生干部习惯提出观点、应对反驳、听取他人的意见；设置开放性问题，鼓励学生干部从多个视角出发进行思考和解答；可以邀请成功的企业家和创业者来分享他们的经验和故事，激发学生干部的创业热情；举办或鼓励学生干部参加各类创业大赛，让他们在实践中锻炼创新思维能力；为学生干部提供实际的创业项目，让他们从零开始，体验创业全过程；还可以进行创新沙盘模拟，通过模拟真实的商业环境，帮助学生干部了解创新对企业发展的重要性。另外，高校可以开展创新创业培训，如市场调研技巧培训、商业计划编写培训、团队管理培训和领导力培养等；建立一个线上资源库，为学生干部提供各种创新创业相关书籍和工具；为学生干部配备经验丰富的创业导师，为他们提供一对一的辅导；还可以开展实地考察与实习，组织学生干部前往创业公司进行实地考察，让他们近距离了解创业的现实。通过系统、全面的培训，高校可以有效地培养学生干部的创新创业能力，为他们未来创业打下坚实的基础。

3. 丰富课余创业活动

（1）为学生提供实践基地，让学生能够体验创业过程。高校与当地企业、创业园区等建立合作关系，为学生提供实习和实践的机会；在学校内设立模拟的创业实践场所，让学生在安全的环境下模拟真实的创业过程；推出实践性强的课程，让学生围绕真实项目进行学习，让他们体验从提出创意到生产产品的全过程。

（2）鼓励学生参加公益活动、志愿服务和勤工助学。高校可与社区合作，为学生提供参与公益项目的机会，让学生在实践中了解社会责任；创建或推荐志愿服务平台，为学生提供志愿者工作的信息和机会；设计有意义的勤工助学项目，让学生通过工作赚取学费，也获得宝贵的工作经验。

（3）为学生提供社会调查和专业实践的机会，帮助学生更好地了解社会和职业。高校可组织学生开展社会调查和实地考察，让学生深入了解不同行业；邀请各行业的专家和从业者到学校举办讲座或研讨会，让学生有机会与他们交流；与企业建立合作关系，为学生提供多样化的实习机会，使学生深入了解职业的真实面貌。

4. 提高学生干部的思想素质

提高学生干部的思想素质是高校管理和教育的重要任务。学生干部在学生中具有领导和示范作用。学生干部的思想素质会对其他学生产生影响。提高学生干部的思想素质，需要学校、社会、家庭和学生干部共同努力。高校应加强对学生干部的思想政治教育，结合时事热点解读，使学生干部对国家大局有更为清晰的认识；可以组织学生干部参与各种形式的思想交流和辩论活动，培养他们的思考能力；鼓励学生干部进行社会实践，如参加公益活动，使学生干部在实践中加深对社会的认识，培养他们的社会责任感；还要注重提升学生干部的道德修养，倡导践行社会主义核心价值观，使学生干部在日常生活和工作中始终坚守道德底线。另外，高校应加强与学生干部的沟通、交流，及时了解他们的思想动态，为他们提供必要的指导和帮助。

第四节 数字化环境下高校学生管理的创新发展策略

一、互联网在学生管理工作中的应用

在当下,"互联网+"模式深入各行各业,激发了"大众创业、万众创新"热情,成为中国经济高质量发展的新动力。面对这样的背景,高校作为社会的主要人才孵化器,应积极响应时代变革,更新管理观念,将互联网与学生管理融合,以提升管理效率和品质,满足新经济形态下社会对人才的需求。随着互联网技术的广泛应用,高校在管理充满活力的大学生时,在管理思路、制度和模式方面面临一些挑战。高校应创新学生管理,提升学生管理工作效率。

学生教育、管理和服务是高校学生工作的基本内涵。学生管理工作直接影响学生教育与服务的质量。互联网技术在提升学生管理工作效率的同时,促进了学生管理工作的转型与创新。高校管理者要寻找互联网与学生管理工作的契合点,从管理理念、管理机制和管理方式等方面创新学生管理工作。

(一)树立学生管理工作新理念

理念是行动的指南针。高校管理者要想创新学生管理工作,应树立新的管理理念。在"互联网+"背景下,高校管理者要树立以下几种理念:

1. 要树立法治与德育相结合的理念

确定高校与学生的法律关系,明确学生作为网络主体享有的自主选择权,正视学生诉求,维护学生法定权益。坚持以立德树人为导向,根据大学生身心发展规律，将互联网与传统思想政治教育工作相结合，用时尚且易被学生接受的方式传播主流价值观。

2.要树立以人为本的工作理念

高校的发展是为了满足师生需求，也离不开师生。高校学生管理工作要以满足学生的实际需求为出发点和落脚点。高校管理者应与学生进行平等站位沟通，建立师生间的信任关系。管理者要了解学生所思所想，切实为学生解决各类问题，把学生对管理工作的满意度作为衡量学生管理工作质量的重要标尺。

3.要树立全员参与服务的管理理念

学生是高校工作的核心。学生管理工作的重任不仅落在专职学生管理人员的身上，教师、用人单位、社会团体以及家庭成员等都有教育、管理学生的职责。负责学生管理的人员要加强互联网学习，熟悉互联网客户端，掌控学生动态，打造专业团队，做好学生管理与服务工作，并引导学生自我管理，提升管理质量与效率。

（二）健全学生管理工作制度

制度是实现目标的保证。没有合理的制度，就难以保障目标的达成。高校管理者要加强制度创新，以制度规范管理，以制度保障管理质量。高校管理者需要制定以下制度：

1.构建舆情引导、分析机制

一方面，要建立网络信息收集与反馈机制，全方位吸引学生参与热点话题讨论，加强对网络舆情的监测与引导，将事态发展控制在萌芽状态。另一方面，建立舆情危机预警与应急处置机制，做好大学生网络用户的备案和登记工作，保证网络信息能够有效追查溯源。

2. 建立健全网络信息安全管理制度

首先，高校应建立健全网络用户注册、信息审核和安全防护管理制度。其次，要明确网络信息主体责任。网络信息发布者及管理者要承担相应责任，设置相应权限，确保网络信息安全管理有章可循。再次，完善网络安全人才培养、引进制度。高校要积极与网络安全培训机构和网络企业进行对接，鼓励和吸引企业从事网络安全工作的技术人才来高校从事网络安全管理工作，或者通过外包合作的方式，将过去由学校承担的网络安全管理工作交给社会专业化机构来完成，从而提升管理效率与专业化水平。

(三) 革新学生管理工作模式

平台化是互联网时代高校学生管理模式的发展趋势。高校可依托互联网技术的支持，将大数据思想和网络管理模块的深度开发融合到学生日常管理工作当中，消除信息壁垒，优化管理工作。

1. 构建统一的学生管理平台

高校要做好顶层设计，从学校人才培养和管理的全局出发，统一规划，构建学生管理平台，实现校园数据共享。学生管理平台可以采集学生从报到、入学到毕业各个阶段的数据信息，涵盖学生上课及住宿考勤、课堂表现、评奖评优、勤工助学、实习就业信息发布以及与家长互动等相关模块，所有数据可以在教务处、学生处、招生就业办以及后勤部门移动共享。高校管理者利用学生管理平台，可依托大数据优势为学生做好服务和管理工作，规范工作流程，提升工作透明度。

2. 扩展交流工具功能模块

在新时代背景下，高校管理者选择技术成熟的软件进行学生管理，可减少重复工作，有效提升管理效率。管理者可以在日常交流软件中增加签到、无纸化事项审批、信息已读反馈和及时推动待办信息等功能模块，并且将数据从后台导入学生管理平台，实现精准化学生管理。

创新高校学生管理已经成为互联网时代发展的必然要求。高校的学生管理工作会存在一些问题，是一项需要长期探索、创新的系统性工程。高校应针对问题创新举措，从理念和制度等方面做好顶层设计，提高学生管理工作的效率，更好地服务当代大学生。

二、大数据在学生管理工作中的应用

大数据技术作为近年来兴起的一门新技术，受到各行各业越来越多的关注。对高等教育来说，大数据时代的到来既是机遇，又是挑战。下面从大数据的特征入手，对高校学生管理面临的机遇和挑战进行梳理，并提出基于大数据的高校学生管理的可行路径。

（一）大数据时代给高校学生管理带来的机遇和挑战

大数据时代的到来给各行各业带来了机遇，也带来了一些挑战。高校是知识密集、信息技术充分使用的场所。高校的学生管理受到大数据的深刻影响。

1. 大数据为改变单向的学生管理模式提供了可能

随着现代信息技术的发展，人们的信息传播和处理能力得到了增强。智能终端，如平板电脑和手机，已成为大众获取和传播信息的主要平台。各式各样的学习软件、管理软件和服务软件为以学生为中心的教育模式提供了多元选择。在这个信息爆炸的时代，学生的知识获取方式呈现多样性：他们可以自由选择喜欢的课程，加入感兴趣的社团，在网络上与信息提供者互动、交流。置身于这种资源丰富的环境，学生的个性化需求日益增长。传统的、单向的学生管理模式已经难以满足学生多元化的需求。高校应改革学生管理方式，利用现代工具与学生进行互动，使学生能以多种方式参与到学校的活动中，利用大数据技术管理学生，增强学生的参与感，提升学生管理的实际效果。

2. 大数据可以使学生管理工作依靠数据分析

在传统的学生管理中，决策往往基于经验、直觉或一些简单的数据，如学生的考试成绩或特定行为。例如，学生可能因为一次低分的考试或某一次不良行为而被关注。这样，管理者很难全面地了解学生，而且受限于辅导员或班主任的人力资源，难以及时获取学生的所有相关的信息。大数据技术为解决这一问题提供了答案。首先，数据采集范围广。利用学生常用的微信、QQ、论坛等，可以获取学生的实时信息，为高校提供管理学生的数据依据。其次，大数据能够处理海量的信息，建立数据之间的关联，对学生的行为进行全方位的监控和分析。利用大数据可以监控和分析学生在课堂上的互动、校园出入记录、参与社团活动的情况、违规或缺课记录、课后的网络活动等，为学校提供全面的学生画像。这种数据驱动的学生管理模式可以为学校的各种决策（如评奖、评优等）提供客观的依据。

3. 数据量爆炸式增长，增加了信息筛选和分辨的难度

随着数字化的发展，数据量呈现爆炸式增长，给高校学生管理带来了前所未有的机遇和挑战。高校能够获取学生的各种信息，如学生上网习惯、交流平台使用情况等信息，能对学生行为进行全面了解。然而，在这浩如烟海的信息中，如何找到有价值的信息，并充分利用这些信息，成为高校面临的重要课题。

在大量数据中进行筛选、分析，并将分析结果呈现为有决策价值的报告，不仅需要强大的技术支持，还需要对数据进行科学的解读。这不仅是一个技术问题，也是一个方法论问题。如何确保在处理大数据时，得到的结论是客观、准确的，而不是受到主观因素的影响，是需要深入探讨的

问题。数据的使用必须在法律和道德的双重框架下进行。首先，学生的个人信息与隐私必须得到严格保护。任何未经授权的数据获取和使用都可能构成侵权行为。其次，数据使用必须符合社会的道德标准。不能因为技术上可以做到而随意使用数据，而要确保在使用数据的过程中，尊重个体的权益。

在大数据时代，信息保护和安全变得尤为重要。数据泄露、滥用或被恶意利用的风险都显著增大。确保数据安全，防止数据被滥用，成为每一个使用数据的组织和个体需要重视的问题。

（二）基于大数据的高校学生管理实践

高校学生管理大数据平台应当是多层次、多方位的系统，应该是"全样本"数据采集平台，必须融合高校所有相关部门的所有数据记录，按照标准、规范、安全、高效的特征，将数据整合到统一的大数据交换共享平台中，实现学校各部门数据的交换、共享、集成。同时，要充分发挥学校各部门的主动性、积极性，明确各部门的职、责、权，构建一个统一、完整、多层次、智能、安全、可靠的大数据管理平台，为学生管理工作者提供管理决策依据，促进学生管理与决策科学化。高校的大数据平台建设的目标是以人为本，服务师生、服务教学、服务管理、服务决策。

1.利用大数据进行科学决策

学生管理大数据平台建设有利于高校合理地利用学生管理大数据，在满足学生管理部门需求的同时，为师生提供数据服务，为校级领导提供数据统计分析和决策支持。学生管理大数据平台应具备多层次的智能服务功能，确保每一个层次的人员都受益，促进有效决策。该平台按照分层原则，确立若干个具体的且对实现高校学生管理目标有重要作用的关键业务指标（KPI）来实现分层决策支持，促进学生管理者科学决策。

2. 制定大数据标准

为确保数据的集成、共享和有效累积，高校可参考教育部发布的《高等学校管理信息标准》中"学生管理数据子集"的规范，结合学校的实际需求，制定大学生基础信息的编码规范和数据子集规范。例如，高校可统一学生、部门和业务系统的编码，以确保编码的唯一性和业务数据的准确性。此外，高校应为编码和数据的管理、更新和维护制定明确的规范。高校应专门为学生的电子行为数据（如校园卡使用数据、网络认证数据和设备使用数据）制定、完善相关标准和规范。

3. 制定大数据管理与使用规范

在高校学生管理的大数据分析与利用环节，高校应坚持全员参与的原则，视学校的每位成员为数据的生产者与消费者。高校可组建由各二级学院分管领导、辅导员（或班主任）及其他相关部门人员组成的数据信息管理和维护团队。为确保数据的准确性和一致性，高校可制定详细的信息员管理制度，确保各部门的数据都有专人负责，使数据录入、管理、维护都有明确的规范。高校应明确各部门的数据责任，并制定全面的数据管理规范，如数据的采集、处理、存储、传输和使用规范，以确保数据的准确。

4. 建立大数据交换共享平台，实现数据共享

为实现数据的全面共享，高校可建立大数据交换共享平台，将全校各业务信息系统的数据进行整合。这个平台具有大数据的核心特征，即记录所有数据。它集成了教务、学工、科研、图书、人事、资产、校园卡管理和网络认证等所有与学生管理有关的系统数据。利用此平台，高校可实现不同系统间的信息互联互通，确保数据共享。这不仅能消除信息孤岛，还能保证业务系统内部和系统间的信息流能够无阻碍地传递。从数据集成

到数据分析、应用，高校可制订连续、完整的数据处理流程，为深入的数据分析和统计提供基础。

（三）基于大数据的高校学生管理体系的构建路径

1. 整合资源，构建高校大数据平台

在高校环境下，各部门拥有各自的信息管理系统，尽管能给管理带来便利，但常常导致各部门的资源共享难以实现，造成信息孤岛。大数据技术为此提供了一种新的解决方案。高校利用大数据技术，可以集中并整合学校内部的各类分散数据，构建一个共享的数据平台，促进信息集成和决策的系统化。高校应积极投资于大数据平台建设，整合各种信息资源，并对学生的学习和个性化需求进行深入分析，确保学生管理的有效性和精准性。

2. 构建基于大数据的高校学生管理体系

随着互联网技术的发展，学生获得了更多的信息获取和传播途径，同时，他们的自主管理需求不断增长。利用大数据技术，高校可以对学生的日常数据进行深入分析，了解学生的需求和问题。例如，分析学生的网站浏览记录，可以了解学生的关注焦点和兴趣点。建立学生的学习档案，可以从各种维度，如考试、作业和出勤，深入了解学生的学习状况。高校可以利用图书馆检索数据为学生推荐他们可能感兴趣的书籍和课程，或通过招聘网站的数据分析为他们推荐合适的职位。

3. 组建大数据分析团队，提升高校学生管理人员的信息素养

大数据技术在教育领域被广泛应用。在此背景下，高校需要组建专门的大数据分析团队。这个团队需要聚集一批掌握大数据存储、管理和分析技术的专家，他们对各种数据分析工具有深入的了解，并能够根据高校

的实际情况定制化开发适合高校的大数据系统。但高校仅仅拥有一个技术团队是不够的。高校的学生管理人员也需要接受相关的培训，提高自己的信息素养。他们不仅要学会运用大数据技术来收集和分析学生数据，也要学会将这些数据与学生管理相结合，为学生提供精准的、人性化的服务。总之，高校不仅要获取大量数据，也要将这些数据转化为实际的教育资源。

4.完善制度，合理使用和保护各类数据

随着大数据在教育管理中的逐渐普及，确保数据安全和个人隐私安全变得尤为重要。对于高校而言，学生的数据不仅涉及学术履历，还涵盖了生活习惯、兴趣偏好和社交网络等诸多方面的数据，这使得数据的使用和保护显得尤为重要。高校需要建立完善的数据使用和管理制度，明确规定哪些数据可以被收集、存储、使用。对于那些可能涉及学生隐私的信息，高校应特别小心，避免无关人员接触和滥用那些信息。高校计划利用这些数据进行研究或分析时，必须明确分析数据的目的和范围，并确保数据分析的合法性。在分析、利用数据方面，高校不仅要遵守法律法规，也要确保对学生的尊重和公正。高校还需要建立严格的数据保护机制，使用先进的加密技术，定期备份数据，设定访问权限，确保数据在被非法侵入或遭受损坏时得到妥善保护。高校在利用学生数据时，应尽量保持操作透明，让学生了解自己的数据是如何被使用的以及为什么被使用。这样，高校不仅能获得学生的信任，还可以帮助他们了解自己的学习和生活状况，使学生更好地规划自己的未来。

在大数据时代，高校可以通过深入分析与学生相关的数据来全面了解学生的兴趣和学习状况，制订更具针对性的教育方案。这种数据驱动的学生管理方式有助于高校了解学生的学习情况和情感发展动态，使管理从宏观走向微观，为学生提供个性化的支持。高校正确、科学地应用大数据，能揭示学生管理的深层规律，满足教育的需求。

三、人工智能在学生管理工作中的应用

人工智能（AI）的起源可追溯至20世纪50年代。1956年，约翰·麦卡锡（John McCarthy）在美国达特茅斯大学的学术会议上首次提出了"人工智能"这一概念。他和同人梦想着不仅让计算机下棋，还要让其拥有人类的学习能力和思考能力。这标志着全球范围内的AI研究开始。随后，随着计算机的发展，AI研究进入实质阶段。

人工智能在高校学生管理中的应用包括以下几方面。

（一）人工智能在教学评估中的应用

教学评估在确保教育质量上具有重要的作用。传统的人工评估方式不仅烦琐，也浪费时间。人工智能能提供更加高效和准确的评估方式。首先，教学管理者需要设定具体的评估标准和级别，如优秀、良好、合格、不及格等。这些标准需要充分反映教育工作者的教学质量和水平。然后，教学管理者可以依靠AI系统进行数据分析和分类。AI系统会自动归纳和识别每个教育工作者的教学质量等级，进行相应的标记。这样，管理者可以很容易地找出那些需要培训和辅导的教育工作者，从而提高整体的教学质量。AI的应用不仅能大大提高教学评估的效率，还鼓励教育工作者持续地自我提升，为提高教学水平提供有力的技术支持。

（二）人工智能在学生健康成长跟踪过程中的应用

高校每年都需要进行学生身体健康检测。传统的人工检测既耗时，又昂贵。随着人工智能技术的进步，高校可以通过为学生配备物美价廉的AI手环，实时监测学生的脉搏、血压等基本健康指标。高校可以全面收集学生的健康数据，如体检结果、体育课测评结果、医疗报告等。借助AI和大数据技术，高校可以轻松处理这些数据，创建一个综合的学生健康数据库。

（三）人工智能在高校安防中的应用

高校是知识的殿堂和培养高级专门人才的地方，其安全至关重要。随着科学技术的进步，人工智能安防系统逐渐成为安全的有力支撑。这些系统可以每天无间断地进行监控、摄像和数据传输，有利于确保学生和教育工作者的安全。

固定的智能安防设备可以实时对指定区域进行监控，移动式的智能机器人可以深入那些传统安防手段难以顾及的死角地带，时刻监控可能出现的安全隐患。例如，科达猎鹰的人员卡口分析系统采用了先进的人脸识别和追踪技术，可以对大量的进出通道进行实时抓拍和人员特征分析，为安保人员提供实时风险评估和预警。这种技术的应用提高了安防效率，降低了安全事故风险，有利于确保校园的平安。随着科技的不断进步，人工智能将在教育领域发挥更大的作用，使教育工作者从烦琐、重复任务中解放出来，让他们更多地专注于教学和培养学生。在人工智能的帮助下，高校将实现更高效、更安全、更均衡的教育，为中华民族伟大复兴做出更大的贡献。

第五节 高校辅导员工作模式创新

一、个别辅导与团体辅导相结合

（一）个别辅导与团体辅导的定义

辅导员的工作是涉及学生各个方面的细致且复杂的工作。辅导员在处理这些工作时，需要明确主次、具体情况、时机与方法。辅导员工作的核心可以分为两部分，即"辅"和"导"。其中，"辅"的主体是学生，以学生为中心；"导"由辅导员主导，辅导员根据经验和实际情况对学生进行引导。辅导员的辅导方式包括个别辅导和团体辅导等。

1. 个别辅导

针对特定个体或事件的辅导称为个别辅导。例如，对于家庭困难或对学习失去信心的学生，辅导员需要为他们提供实质性的帮助。一般情况下，辅导员要根据个体和事件的具体情况，将"辅"与"导"相结合，确保学生得到真正的帮助。

2. 团体辅导

团体辅导指的是针对整个群体的辅导，主要通过集中的方式，如主题班会、班团活动等，对学生进行思想教育与引导。团体辅导主要用于讨论全局性的议题，如国家政策、突发事件等。对于这些议题，辅导员需要帮助学生理性地分析问题并采取合理的行动。辅导员还要对班团活动和学生干部培养进行指导。辅导员进行团体辅导时，也要将"辅"与"导"相结合，充分发挥辅导员的工作能力，确保达到预期目标。

无论是个别辅导还是团体辅导，辅导员都需要灵活地运用"辅"与"导"，根据实际情况调整辅导策略。只有这样，辅导员才能有效地提升工作效果，从而提高学生培养质量。

（二）将个别辅导与团体辅导相结合的方法

学生的需求和特点在不同阶段有所不同。辅导员需要根据学生的需求和特点，对学生进行有针对性的辅导。

1. 宜因时而变，紧跟学生的发展，明确辅导的重点

辅导员应关注学生的可塑性，重视学生行为养成，培养他们的生活情趣，并确保班级舆论健康。辅导员可组织开展以人生与理想为主题的教育活动，使学生树立正确的是非观念，增强学生的班级荣誉感。同时，辅导

员应引导学生正视自己的成长困惑，为学生提供必要的指导和帮助，指导学生正确看待未来的发展，根据学生的不同情况为他们提供不同的支持。

2.宜因人而异，确保集体教育与个体教育并重

辅导员应注重培养学生的"六心"：信心、恒心、关心、开心、良心和平常心。这"六心"是学生走向成功的基石。辅导员除了确保整个班级的健康发展，还需要根据班级每个学生的特点和需求，对学生进行个别辅导。对于具有代表性或影响力的学生，辅导员更应积极引导，确保他们的正面影响最大化，同时及时对出现问题的学生进行干预，帮助学生及时解决问题。

3.宜因事制宜

辅导员除了考虑学生的个体特点和群体特点，还需要根据具体事件、情境或问题对学生进行有针对性的辅导。例如，对于学习困难的学生，辅导员可能需要为他们提供特定的学术指导或学习方法的建议，而不仅仅为他们提供情感上的支持。对于在人际关系方面遇到困境的学生，辅导员可能需要为他们提供社交技能的指导和实际的沟通策略。对于参加班级活动的学生，辅导员可能需要对他们进行团队合作能力培训。在处理突发事件或特殊情境时，辅导员需要迅速判断情况，根据学生的实际需求和情境的特点对学生进行相应的辅导。

无论是个别辅导还是团体辅导，都应以学生的真实需求为导向，确保他们在学习和成长的过程中得到有效的指导和支持。每个学生都是独特的，辅导员应帮助学生发掘自己的潜力，使学生成为有用的人，使他们真正实现自我价值。

二、充分利用新媒体

近年来，随着新媒体尤其是网络媒体的迅猛发展，高校辅导员工作

方式也面临挑战。高校辅导员不仅需要掌握传统的辅导技能，还需要充分利用新媒体工具，如网络和手机，更好地进行工作。这不仅是为了更高效地与学生互动，还是为了确保工作更加具有针对性、实效性，提升工作效率和效果。

"新媒体"和"旧媒体"其实是相对的概念，随着技术和社会的进步，两者的内涵会不断地变化。回溯历史，收音机、电视、报刊等曾经都被视为"新媒体"。但随着时间的推移，互联网和手机技术兴起，收音机、电视、报刊等逐渐被归类为传统媒体。如今，人们所说的新媒体特指以数字化技术为基础的媒体，如网络媒体。新媒体带来的即时传播、超链接、搜索功能和社交网络等，不仅改变了人们获取信息和传递信息的方式，也在某种程度上改变了人们的社会生活方式。高校辅导员应跟上新媒体发展的脚步，在日常工作中灵活应用新媒体。

（一）新媒体对高校辅导员工作专业化的积极影响

1. 丰富了辅导员与学生互动的方式

以前，高校辅导员与学生互动、教育学生主要依赖面对面的课堂教学、辅导以及社会实践等。新媒体的兴起给辅导员带来了新的互动与沟通方式。微信、QQ、微博和网络论坛等工具具有实时性和广泛性，使得辅导员可以突破时间和地点的限制、及时与学生进行互动、随时进行思想政治教育，丰富了辅导员与学生的互动方式。

2. 增强工作实效性

新媒体的实时性和普及率使得信息传递更迅速、广泛。例如，在微博或微信上，辅导员与学生的沟通更为自由，这有助于降低双方沟通的压力。此外，利用钉钉、微信等工具，辅导员可以批量回复学生的问题，避免因回复学生的重复性问题而造成的工作效率低下，使工作更高效。

3.促进互动与反馈

新媒体为辅导员和学生提供了便捷的沟通平台。辅导员可以利用新媒体的在线调查、投票等功能，迅速获取学生对某一议题或活动的反馈和建议，从而更好地调整和完善工作计划。学生也可以利用这些平台直接、快速地反馈自己的意见和建议，使沟通更为直接、高效。

4.丰富了工作工具和方式

新媒体给辅导员带来了一系列新的工作工具和方式。新媒体的视频教学、在线研讨会、数字化资源共享等功能可以根据不同学生的学习需求为学生提供个性化的学习资源，给学生带来更为丰富多彩的学习体验。新的教育方式不仅能满足学生的学习需求，还给辅导员带来了先进的教育理念。

5.提升信息处理能力

新媒体的普及和便捷性使得辅导员更容易获取和分析与学生相关的各种信息。无论是学生学习状况信息还是学生参加社会活动的信息，辅导员都可以通过新媒体快速收集、整理和分析，从而更加精确地为学生提供有针对性的辅导和帮助。数据分析工具的发展为辅导员提供了更为高效的数据分析手段，使辅导员的决策和工作计划更加科学、合理。

（二）新媒体时代高校辅导员工作专业化发展建议

在新媒体环境下，高校辅导员工作面临前所未有的挑战和机遇。为了适应新媒体环境，辅导员应深入学习与新媒体相关的理论知识，并掌握新媒体时代的信息传播技巧。高校应加强对辅导员的新媒体应用能力的培训，确保辅导员不仅熟悉新媒体的运作机制和特点，还能够灵活地运用新媒体进行工作。例如，微博和微信等社交工具为辅导员提供了与学生即时互动、快速响应学生需求的平台，在线直播和教育软件能帮助辅导员更有效地传达信息和教育内容。辅导员应用新媒体并不意味着完全摒弃传统的教育和管理手段。真正高效的辅导员工作需要结合新旧媒体的优势，确保信息传递的准确性和及时性，同时保持人与人之间的真实互动和联系。在辅导员工作过程中，新媒体应被视为一种强大的辅助工具，而非替代传统的教育、管理手段。在新媒体时代，高校可以从以下几方面促进辅导员工作专业化发展。

1. 提升辅导员的媒介素养

辅导员的媒介素养对高校开展网络思想政治工作至关重要。高校应站在全局的高度，着力提升辅导员的媒介素养。

（1）开展媒介素养培训与研讨。

①定期组织工作坊。高校每个学期至少组织一次关于提升媒介素养的工作坊，让有经验的讲师或实践者主讲，让辅导员了解媒体发展趋势、掌握新媒体应用技巧。

②在线学习平台。高校可利用现有的在线教育平台，为辅导员提供一系列关于新媒体的课程，使他们可以在工作之余随时学习。

③创建实践社区。高校可建立一个关于提升媒介素养的线上社区或论坛，鼓励辅导员分享自己的新媒体应用经验和案例、互相学习。

④定期组织辅导员进行案例分析。高校可选择一些与新媒体相关的实际案例，组织辅导员进行案例分析和讨论，提高他们的新媒体应用能力。

⑤建立反馈机制。高校可让学生提供关于辅导员使用新媒体进行教育的反馈，帮助辅导员了解自己的不足、及时调整教育策略。

⑥组织实地考察。高校定期组织辅导员参观一些媒体公司或新媒体技术企业，让辅导员了解行业的发展情况、拓宽视野。

⑦与企业合作。高校可邀请与新媒体相关的企业和技术公司与学校合作，为辅导员提供实际的技术支持和培训。

⑧持续关注新技术。高校应时刻关注新媒体技术的发展，确保辅导员能够及时更新自己的知识和技能。

高校采取上述措施，可使辅导员提高自己的媒介素养。这样，辅导员可以将新媒体知识和技能应用到实际的教育工作中，更好地服务学生，提升教育的质量和效果。

（2）引导辅导员积极开展新媒体应用与德育实践。新媒体为辅导员与学生提供了更加便捷和直接的交流平台。辅导员利用这些交流平台，能够深入了解学生的实际需求与思想状态。高校可采取以下措施，让辅导员积极开展新媒体应用与德育实践。

①新媒体应用培训。高校应定期为辅导员提供新媒体应用培训，不仅让他们掌握基本操作技能，还应让他们学会应用新媒体进行有效的思想政治教育。

②组建专门团队。高校可组建专门的新媒体团队，负责制订与学生的线上互动策略，分析线上数据，了解学生需求，并为辅导员提供技术与策略支持。

③鼓励辅导员与学生合作。高校应鼓励辅导员与学生进行线上合作，例如，创建共同管理的微博或微信公众号，共同组织线上活动和互动。

④发布多样化内容。辅导员可以利用新媒体发布与德育相关的文章、视频、访谈等内容，引发学生思考与讨论。

⑤线上、线下结合。辅导员可利用线上平台收集学生意见和建议，然后在线下活动中给予学生反馈，或组织实际活动，确保学生的意见得到回应。

⑥注意保护隐私。对于涉及学生个人隐私的问题，辅导员应使用私密的渠道与学生交流，保障学生的隐私权。

⑦创新思想政治教育。高校可在传统的思想政治教育方法的基础上，结合新媒体特点，开展新的教育活动，如在线辩论、线上德育等。

⑧定期评估。高校和辅导员应定期评估新媒体在思想政治教育中的

应用效果，根据评估结果及时调整教育策略和方法。

随着社会的发展和技术的进步，新媒体将在思想政治教育中扮演越来越重要的角色。高校和辅导员都应认识到这一点，并主动适应新媒体时代的发展。辅导员应不断提高自己的媒介素养，更好地为学生服务。

（3）组建辅导员网络监督、评论员队伍。在数字化信息高度发达的时代，大学生在网络上的言论和活动不再是孤立的，有可能迅速放大并产生影响，这对高校的管理和形象都产生一定的影响。辅导员对监督学生网上言论和行为的作用不可忽视。高校除了做好前述的辅导员培训工作之外，还要做好以下工作。

①定期组织情报分享。高校可组建一个专门的团队或平台，每日或每周对学校网络的舆情进行汇总和分析，并及时将分析结果分享给辅导员，使他们能够迅速了解和应对学生的网络动态。

②实时互动。高校应鼓励辅导员积极参与学生的网络讨论。辅导员不仅要回应负面评论，也要积极引导正面的讨论和分享。

③采取危机公关策略。对于可能爆发的网络危机，高校应提前做好准备，制订详细的应对策略和流程，确保在危机发生时能够迅速、准确、有效地应对。

④积极宣传。高校可利用本校的新媒体平台，定期发布正面的、有价值的内容，提升学校和辅导员的形象，同时抵御负面信息的冲击。

⑤增强辅导员法律意识。高校可让辅导员了解与网络相关的法律法规，确保辅导员不违反法律，并对学生进行相应的法律教育，增强辅导员和学生的法律意识。

⑥建立反馈机制。高校应鼓励学生和教师为辅导员的网络监督和评论活动提供反馈，这样可以提高辅导员工作质量。

（4）建立考核和激励机制。为了调动辅导员利用新媒体开展思想政治教育的积极性，高校可建立相应的考核与激励机制。

①明确考核标准。高校应该明确新媒体上的教育工作到底包含哪些

内容，如高质量博文发布、在线问答等，并为每项工作内容制定相应的考核标准。

②动态调整考核标准和内容。随着新媒体的发展和学生需求的变化，高校需要及时调整考核标准和内容，确保考核始终与时俱进。

③量化考核。高校可以利用数字化工具来量化辅导员在新媒体上的表现，例如，统计辅导员发布的博文的浏览量、点赞数、评论数等，这样可以更客观、公正地进行考核。

④建立奖惩机制。除了物质奖励之外，高校还可以为表现优秀的辅导员提供其他形式的奖励，如为他们提供学术研修机会、进修机会等。对于表现不佳的辅导员，高校应该为他们提供相应的培训和指导，帮助他们提高工作质量。

⑤定期反馈。每学期或每年，高校应组织辅导员进行自我反思和自我评价，并收集学生和教师对辅导员的反馈信息，以此为依据进行工作调整和完善。

⑥鼓励创新。对于那些在新媒体教育工作中有创新实践和成果的辅导员，高校应给予他们特别的表彰和支持，鼓励其他辅导员学习优秀辅导员的工作经验和方法。

⑦加强交流与分享。高校可以定期组织辅导员开展经验交流和分享会议，让他们互相学习、互相鼓励、共同进步。

⑧为辅导员提供技术支持。高校应该为辅导员提供必要的技术支持，如新媒体应用培训，确保他们能够顺利开展新媒体教育工作。

建立完整、科学、公正的考核与激励机制，是确保辅导员积极参与新媒体教育工作的关键。高校应该从各个方面出发，确保这一机制的有效性和可操作性。

2.加强对辅导员使用新媒体的监管和规范

在新媒体环境下，信息传播迅速，这也带来了一些管理问题。对于高校辅导员而言，在新媒体环境下维护网络正能量、培养学生的媒介素养，是他们面临的挑战。高校辅导员应做到与时俱进，了解流行的网络语言并合理应用，从而提升与学生沟通的效果。更为重要的是，辅导员需要加强政治理论学习，这样才能在网络空间中为学生提供正确的指导。鉴于辅导员很难顾及与学生相关的所有网络空间，培养网络技术娴熟、有责任心的学生干部是一个明智的选择。学生干部可以作为"网上的小辅导员"，确保班级网络环境良好。任何不文明用语、人身攻击或其他违反网络伦理的行为，都应在第一时间得到控制和纠正。但是，这仅靠人为管理是远远不够的。高校的相关部门应该制定明确的网络行为规范，明确网络行为的红线，同时配备技术手段进行网络监控。例如，高校可以构建网络监控系统，对学生在校园网络中的言行进行自动检测。

加强对新媒体的监管和规范不仅是高校辅导员的责任，也是整个学校乃至整个社会共同面临的任务。高校应确保网络空间的秩序，让学生在良好的网络环境中成长。

3. 创建辅导员微博，创新学生管理工作方法

在信息化快速发展的今天，微博已成为当代学生的主要信息交流平台。对于高校辅导员来说，利用微博开展思想政治教育工作具有广阔的前景和重要的意义。微博为辅导员提供了一个既可以与学生进行深入交流又可以公开展示自己观点和日常工作情况的平台。通过创建微博，辅导员可以直接了解学生的心声，实时了解学生的需求和困惑，并及时对学生进行引导和回应。辅导员在微博上的发声不仅仅是宣扬正确的观点，也是展示辅导员真实的生活状态、分享感悟和经验。利用微博，辅导员能让学生看到辅导员不仅仅是学生的管理者，也是学生生活中的朋友和导师。这有助于加强师生之间的互动和信任，也有利于学生接受辅导员的指导。此外，微博为辅导员提供了与学生进行直接、即时交流的平台，打破了传统面对面沟通的时间和地点的限制。辅导员可以利用微博进行问答、讨论等，与

学生进行交流，这样不仅可以及时了解学生的需求，还可以更好地解答学生的疑惑，帮助学生解决实际问题。微博上的内容也为辅导员提供了丰富的教育材料。例如，辅导员可以引导学生浏览和评论相关专业的文章。通过浏览他人的日志，学生可以获取自己需要的专业知识和经验，进一步成长。

微博为高校辅导员提供了一个有效的思想政治教育和学生管理的工具。通过合理、高效地利用微博，辅导员不仅可以更好地完成自己的工作任务，还可以更好地与学生建立情感纽带，为学生的健康成长创造更好的网络环境。

4.建立微信群组，开展多模式辅导员指导工作

新媒体时代的高校辅导员工作专业化是一项复杂的任务。为了完成此任务，辅导员可建立微信群组。微信群组作为一种高效、便捷的沟通方式，在辅导员与学生之间架起了沟通的桥梁。

（1）年级专属群组。通过创建年级专属的微信群组，辅导员可以更有针对性地发布通知和资讯，解答学生在学习、生活方面的问题。例如，辅导员可创建大一新生入学指导群、实习交流群等。

（2）课程专题群组。辅导员可针对某一门课程或某个专题，建立微信群组，让教师、辅导员和学生一起讨论学习难点、分享资源。这有助于激发学生的学习兴趣，促进教学质量的提高。

（3）活动组织群组。辅导员可以建立活动专用微信群组，组织和策划学校的各类活动。通过活动组织群组，活动的信息能迅速传达，参加活动人员能及时沟通。

（4）家长沟通群组。辅导员还可以建立与学生家长沟通的微信群组，及时向家长传达学校的信息，让家长了解学生的在校情况，加强家校合作，共同促进学生成长。

（5）职业生涯指导群组。建立职业生涯指导群组，辅导员可以邀请

业界专家、校友等分享职业规划的经验和建议，帮助学生树立正确的职业观念。

（6）紧急情况通知群组。为应对紧急情况，辅导员可以创建专门的微信群组，发布紧急通知。

（7）学生自主管理群组。辅导员还可以让学生建立和管理微信群组。辅导员经过学生同意，也可以加入学生的微信群组。这样，辅导员可以增强学生的自主性，又能更好地了解学生的需求。

5.利用易班，提高思想政治教育工作效率

易班作为面向高校的教育管理平台，为教育工作者提供了丰富的工具和资源。辅导员可以充分利用易班，提高思想政治教育工作的效率。以下是辅导员利用易班的主要方式。

（1）创建线上课程，组织学生讨论。辅导员可以利用易班创建针对特定主题的线上课程，如国情教育课程、社会主义核心价值观培育课程等。通过线上教学和互动讨论，辅导员能让学生深入理解和掌握思想政治教育的内容。

（2）建立学生社团与团队。易班支持建立学生社团和团队协作空间。辅导员可以鼓励学生自主创建与思想政治教育相关的社团，增强学生的主体意识和参与感。

（3）发布通知与资讯。辅导员可利用易班平台发布通知和资讯，确保重要的政策解读、时事评论等内容能迅速传达给学生，增强思想政治教育的及时性和针对性。

（4）线上调查与反馈。利用易班的调查问卷功能，辅导员可以及时了解学生对思想政治教育内容的接受程度和态度，根据学生的反馈调整教育策略，确保教育内容贴近学生需求。

（5）建立学生成长档案。辅导员可利用易班建立学生的个人成长档案，记录学生在思想政治方面的表现和成长轨迹，这有助于对学生进行个体化指导和激励。

（6）实现教育资源共享。易班可用于整合和共享各类思想政治教育资源（如教材、案例、视频等），为教学提供了便利。辅导员和学生都能轻松利用这些资源。

（7）促进师生沟通、交流。利用易班的互动功能，辅导员能更方便地与学生进行一对一沟通，及时了解学生的思想动态，解答疑惑，建立亲近的师生关系。

（8）促进家校合作。易班还能辅助辅导员与学生家长沟通，推动思想政治教育，确保家庭教育、学校教育的一致性和连贯性。

6. 运用 QQ 群，增进辅导员与学生的交流、沟通

腾讯 QQ 是中国大学生常用的社交工具。但要注意，在教育领域，辅导员和学生使用社交工具，需要遵循一定的规范和原则，以确保沟通的有效性，保护隐私。

（1）尊重隐私。虽然 QQ 可以让辅导员了解学生的日常动态，但辅导员在查看学生的个人信息和动态时要保持一定的距离和尊重，不要侵犯学生的隐私。

（2）谈话专业性。辅导员在与学生交流时，要保持谈话专业性，不要过多谈论学生的私人生活，而主要谈论学术话题和学校事务。

（3）明确教育目标。辅导员使用社交工具进行思想政治教育时，要明确教育的目标和内容，确保与学生的沟通是有针对性的。

（4）活动多样性。辅导员可以组织一些有益的线上活动，如线上讲座、答疑解惑、心得分享等，鼓励学生参加这些活动。

（5）将 QQ 与其他媒体结合使用。辅导员可利用 QQ、纸媒、电视媒体、微博、博客等，使思想政治教育形式多元化，吸引更多的学生学习思想政治的相关内容。

（6）培训和指导。辅导员应对学生进行适当培训和指导，让学生学

会正确、安全地使用社交工具，保护自己和他人的隐私，进行有效的网络交流。

（7）收集反馈信息，调整教育方法。辅导员可定期收集学生使用社交工具的反馈信息，了解学生的需求和建议，及时调整教育方法。

（8）注意网络安全。辅导员应注意防止网络欺诈和攻击，保护学生的信息安全。

虽然新媒体为思想政治教育提供了新的渠道和方式，但思想政治教育的核心还是内容和方法。无论使用什么工具，辅导员都要确保思想政治教育的内容是高质量的，确保教育方法是适当的，真正做到因材施教，让每一个学生受益。

第六章　高校学生管理展望

一、代码管理的推广与应用

信息技术的迅猛发展给高校学生管理带来了深刻的变革。在此背景下，代码管理已成为高校学生管理的重要手段。这种管理方式融入了信息技术的先进理念，给学生管理带来了诸多便利。

（一）代码管理具有集中存储的特点

在传统管理模式下，学生的信息和各类文件分散在各处。这不仅导致信息查询和整合困难，也增大了文件丢失和被损坏的风险。代码管理则将所有学生信息和文件集中存储在云服务器或专用服务器上，大大降低了信息丢失的风险，并使得数据检索变得更为高效。

（二）代码管理采用了版本控制机制

版本控制机制允许管理人员对每一次信息变更进行记录，确保每一次信息修改都能够被追溯。当信息出现错误或需要查询历史数据时，管理人员可以轻松找到任何之前的版本，从而避免错误修改带来的麻烦。

（三）代码管理强调团队协作

多人同时对同一份数据进行操作时，传统的文件管理方式容易产生数据冲突。而代码管理能够识别并解决这些冲突，确保数据的完整性和一致性。代码管理的这一功能不仅提高了团队的工作效率，还减少了数据不一致带来的错误。

（四）代码管理对审计和监控功能十分重视

所有对文件的操作都会被记录下来，方便进行后续的审计工作。这不仅提高了管理工作的透明度，也为持续优化管理流程提供了依据。代码管理给高校学生管理带来了变革。这种管理方式既提高了工作效率，又保证了数据的安全性和准确性。因此，高校应当积极引入和推广代码管理工具，为学生管理工作注入新的活力。

二、数据化管理的普及与拓展

（一）数据化管理的特点

随着大数据技术和人工智能的迅猛发展，数据时代已经到来。在这样的背景下，数据化管理逐渐成为现代教育管理的主流。相较于传统的管理方式，数据化管理具有更强的预测性、精确性和实时性，为教育工作者提供了全新的视角和方法。

（二）数据化管理的主要应用

教育工作者利用数据化管理，可以实现个性化教学辅导：通过收集学生的学习数据，如考试成绩、在线学习行为数据等，可以准确地了解学生的学习习惯和能力，从而为学生提供定制化的学习建议和辅导。数据化管理可以实时监控学生的出勤、学习、社交等行为，一旦发现异常，便可以及时干预，帮助学生解决问题。教育工作者通过对学生的学习数据进行分析，可以发现哪些课程受学生欢迎，哪些课程存在问题，从而调整课程设置和教学方法；利用大数据技术，可以分析过去的招生数据，预测未来的招生趋势，为学校提供决策依据；通过对学生的就业数据进行分析，可以为学生提供更为精准的职业规划建议。

（三）数据化管理面临的挑战

数据化管理在高校学生管理中发挥了积极作用，但也面临一些挑战。首先，如何确保数据的隐私安全是一个关键问题。其次，确保数据的准确性和完整性也十分重要。最后，将海量的数据转化为有用的信息，从而为学生和学校提供真正的价值，也是数据化管理需要不断探索的领域。数据化管理是高校学生管理的未来趋势，为教育工作者提供了强大的工具和方法。但要充分发挥数据化管理的优势，高校还需要不断地进行探索和实践，同时要重视数据安全和隐私保护，确保数据化管理健康发展。

三、社交化管理

（一）高校学生管理中社交化管理的应用与优势

在数字化时代，随着社交媒体的普及，传统的高校学生管理方式正在发生变革。社交化管理已经成为一种切实有效的管理方式，改变了学生与学校的互动方式，具有一系列的优势。

1. 改变了信息传递与互动交流方式

传统的信息传递方式，如布告板、口头通知等，往往局限性较大，不利于信息的迅速传播和准确接收。而社交化管理通过社交媒体为学校和学生提供了一个交流的平台。学校可以在交流平台上发布通知、活动信息、学术资讯等。学生利用交流平台，可以随时随地接收这些信息，并及时进行反馈、提问或提出建议。这种双向交流方式不仅加快了信息传播的速度，还提高了信息的准确性，使得学生与学校之间的联系更为紧密。

2. 提高学生参与度

高校利用社交化管理，通过在线工具，如投票工具、问卷调查工具等，获取学生的反馈信息。高校可以根据这些反馈信息了解学生对某一活动或决策的看法，进而对学校的各项工作进行优化和调整。同时，学生会感到自己的意见和需求得到了重视，从而更积极地参与到学校的各种活动中。

3. 加强校园文化建设

社交媒体上的内容分享、活动直播、在线讨论等功能，为学生提供了展示和交流的空间。学生可以在社交媒体上分享自己的学习和生活经验，参与校园文化建设。这不仅能加强学生间的联系和互助，还能增强他们对学校文化的认同感和归属感。此外，高校也可以通过社交媒体发布与校园文化相关的内容，如历史故事、名人访谈、艺术作品等，使学生更加了解和热爱自己的学校。

（二）高校学生社交化管理的完善

随着数字化和信息化的迅速发展，社交化管理成为高校学生管理的一个新趋势。但这种新的管理方式也给高校带来了一些挑战和问题。高校需要采取措施，对社交化管理进行完善。

1. 信息过载与筛选

在当前的社交媒体环境中，信息持续不断地产生和传播。每天，大量的信息在社交平台上涌现，为学生提供了丰富的知识和娱乐资源。然而，这也意味着学生需要在短时间内筛选大量的信息，确保自己可以接收到真正有价值的信息。高校可以采取一些措施，如建立专门的信息发布渠道、进行信息的分类和标签化以及开展信息素养教育，帮助学生提高筛选和评估信息的能力。

2. 保护学生隐私

学生隐私保护是高校社交化管理中一个非常重要的议题。高校需要确保发布的信息不会涉及学生的个人隐私，例如，不公开学生的成绩、家庭情况等信息。同时，高校应该开展隐私教育，使学生了解如何在社交媒体上保护自己的隐私，避免隐私泄露。

3. 提高社交媒体内容质量

社交媒体的内容往往更加娱乐化。一些高校为了迎合学生的口味，会发布一些缺乏教育性和权威性的内容。为了避免这种情况，高校需要建立严格的内容审核机制，确保发布的信息既有吸引力，又具备教育意义。

4. 培训与管理

社交化管理成功与否在很大程度上取决于管理团队的专业能力和责任感。高校需要为社交媒体管理团队提供定期的培训和考核，确保他们能够有效地执行管理策略、能够及时应对各种突发情况。

社交化管理给高校学生管理带来了新的机遇和挑战。高校需要认识到这种新管理方式的重要性，也要对其进行持续的完善和创新，确保学生在社交平台上能够获得有益的学习和交流体验，同时培养学生良好的社交媒体使用习惯。

四、高校学生个性化管理的推行与发展

在信息化、经济全球化日益发展的当代社会中，高校学生教育和管理面临前所未有的机遇与挑战。传统的"一刀切"式的管理方式已经无法

满足学生的多元化和个体化需求。因此，个性化管理应运而生，成为高校管理的新趋势。

（一）个性化管理的重要性

随着当代学生自我意识的增强以及社会对高等教育期望的提升，个性化管理越来越受到重视。学生不再是被动接受教育的对象，而是希望在接受教育过程中体现自我价值和个性的主体。每个学生都有其独特的学习风格、兴趣爱好、成长经历和职业规划。高校对每个学生进行个性化管理，既是对学生尊重和关心的体现，也是对高等教育质量的追求。

（二）个性化管理的主要实践方式

1. 个性化课程与指导

高校可以设置一系列灵活的课程，让学生根据自己的学术兴趣和发展方向来选择课程。例如，高校可开设多元化的选修课、研讨课或跨学科课程，为学生提供更多的选择。指导教师可以与学生进行一对一的交流，为学生提供专业学术指导。

2. 个性化的社团建设

学生社团是学生社交和团队建设的重要平台。高校可以鼓励学生根据自己的兴趣和特长创建或加入社团，同时为学生提供必要的支持和指导，如培训、资金、场地等。

3. 个性化的职业指导和实习机会

职业规划和发展是大学生关心的重要话题。高校可以与企业和机构合作，为学生提供个性化的实习和实践机会。同时，职业指导中心可以定期举办职业发展讲座、工作坊和模拟面试等，帮助学生更好地规划自己的职业生涯。

高校学生个性化管理是一项复杂而细致的工程，要求高校管理者具备敏锐的观察力、丰富的专业知识和实践经验。高校真正实施个性化管理，将每个学生视为独特的个体，有利于提高高等教育质量，培养出更多具有创新精神和社会责任感的人才。

高校学生管理的任务不仅仅是对学生进行管理和规范，更重要的是为学生提供个性化的服务和支持，帮助学生发掘潜能、塑造个性、实现梦想。未来的高校学生管理将不再是"一刀切"的模式，而是根据每位学生的个性和需求，为学生提供量身定制的服务，这不仅可以帮助学生更好地成长和发展，也能够提高高校的教育质量和竞争力。

参考文献

[1] 刘长海. 教育性学生管理研究 [M]. 武汉：华中科技大学出版社，2022.

[2] 甘雪梅，宗宝璟，王佳旭. 高校大学生管理研究 [M]. 长春：吉林出版集团股份有限公司，2022.

[3] 万敏. 新时代大学生管理能力培养与提升 [M]. 长春：吉林大学出版社，2021.

[4] 李玲. 高校学生管理工作创新研究 [M]. 长春：吉林人民出版社，2020.

[5] 吴山，魏洪春，张春磊. 新时代背景下学生管理理论与工作创新 [M]. 长春：吉林出版集团股份有限公司，2022.

[6] 姚丹，孙洪波. 高校教育信息化管理与学生管理工作 [M]. 北京：中国纺织出版社有限公司，2021.

[7] 王炳堃. 高校大学生管理教育与校园文化建设 [M]. 长春：吉林出版集团股份有限公司，2020.

[8] 邢良. 高校德育引导与学生管理创新研究 [M]. 北京：北京工业大学出版社，2022.

[9] 王凯. 和谐校园建设下高职院校学生管理研究 [M]. 长春：吉林出版集团股份有限公司，2020.

[10] 杨潇. 高校学生管理工作与法治化研究 [M]. 北京：北京工业大学出版社，

2021.

[11] 沈佳，许晓静．基于多视角下的高校学生管理工作探究[M]．北京：现代出版社，2022．

[12] 刘青春．信息时代高校学生管理模式的转变及创新[M]．沈阳：辽宁大学出版社，2021．

[13] 邓军彪．地方高校大学生管理工作的创新与实践研究[M]．汕头：汕头大学出版社，2021．

[14] 杨金辉．校园文化建设和学生管理工作的互动机制[M]．北京：中国原子能出版社，2020．

[15] 林琳．高校艺术类专业学生管理理论与实践探索[M]．北京：北京工业大学出版社，2021．

[16] 黎海楠，余封亮．高校学生管理与和谐校园[M]．长春：吉林出版集团股份有限公司，2021．

[17] 张冠鹏．高校学生管理制度研究[D]．长春：东北师范大学，2013．

[18] 江志斌．新时期高校学生干部队伍建设研究[D]．重庆：西南大学，2011．

[19] 龚春蕾．高校辅导员职业化专业化问题研究[D]．上海：华东师范大学，2011．

[20] 游敏惠．美国高校学生事务管理研究[D]．重庆：西南大学，2008．

[21] 王磊．高校学生信息管理系统的设计与实现[D]．济南：山东大学，2007．

[22] 王英合．基于 WEB 的学生信息管理系统设计与实现[D]．青岛：中国海洋大学，2006．

[23] 庄惠玲．走向学生自主管理[D]．上海：华东师范大学，2005．

[24] 张诗雅．课堂有效学习的指导策略研究[D]．上海：上海师范大学，2015．

[25] 单作民．校企合作背景下高职学生管理制度变革研究：以 J 职业学院为例[D]．南京：南京师范大学，2014．

[26] 孙妃，李可心，刘楠，等．学生宿舍管理系统的设计与实现[J]．江苏科技信息，2021，38（29）：40-42，75．

[27] 李凌涛．基于 JSP 的学生信息管理系统设计与实现[J]．信息与电脑（理论

版），2021，33（18）：106-108.

[28] 刘红云，孟庆茂，张雷.班主任教师班级管理效能感对学生学习态度及其与学业效能间关系的影响[J].心理发展与教育，2005（2）：62-67.

[29] 蔡伟毅.高校学生管理模式研究：基于治理理论的视角[J].天津中德应用技术大学学报，2021（5）：13-16.

[30] 范洁慧，宋毅.探究"互联网+"视域下高校学生管理工作的创新[J].参花（上），2019（11）：94.

[31] 卢海林."互联网+"视域下高校学生管理探究[J].中外企业文化，2020（11）：47-48.

[32] 陈翰，郑卫敏.高校学生管理品牌化建设分析[J].品牌研究，2019（15）：81-82.

[33] 邸鹏.新时代高校学生管理工作的创新思考：评《高校学生管理工作与管理模式创新》[J].领导科学，2023（4）：161.

[34] 刘忠梅.试析民办高校的学生管理[J].文教资料，2021（21）：143-144.